SOY letrista

Despierta tu Gratitud

5 MINUTOS DIARIOS PARA MEJORAR TU VIDA

Ana Vega

Grijalbo

Papel certificado por el Forest Stewardship Council®

MIXTO
Papel | Apoyando la silvicultura responsable
FSC® C117695

Penguin Random House Grupo Editorial

Primera edición: octubre de 2024

Printed in Spain – Impreso en España

ISBN: 978-84-253-6700-7
Depósito legal: B-12.813-2024

Impreso en Gómez Aparicio, S.L.
Casarrubuelos, Madrid

GR 6 7 0 0 7

Este diario
es de:

____

Índice

Introducción

BREVE EXPLICACIÓN DE QUÉ ES LA GRATITUD Y SU IMPORTANCIA

¿Realmente estos cinco minutos diarios que te propongo mejorarán tu vida?

Tal vez te parezca iluso pensar que dedicar solo cinco minutos a escribir un diario pueda transformar tu vida, pero con este libro sé que vas a desarrollar una de las herramientas más poderosas que tienes a tu alcance y que lo cambia todo: la gratitud.

La gratitud es un estupendo recurso que mejora nuestro bienestar. Algunos la consideran una emoción, otros, una cualidad, y hay quienes ven en ella una virtud. El reconocido psicólogo Robert A. Emmons sostiene que la gratitud tiene el poder de sanar, energizar y transformar vidas.

Es posible que pienses que es imprescindible estar feliz para ser agradecido, y afirmar esto no sería del todo erróneo. Algunos psicólogos, entre ellos Philip C. Watkins, comentan que las personas felices tienden a reconocer con mayor facilidad aspectos positivos por los que quieren mostrar su agradecimiento. Este mismo autor menciona que la gratitud promueve la felicidad, por lo que dar gracias puede ayudarte a potenciar tu felicidad y a disfrutar más de lo que te rodea. Así pues, podríamos decir que la gratitud es tanto un desencadenante como un generador de bienestar.

Con este diario te invito a practicar cada día tu agradecimiento. Con una actitud agradecida podrás apreciar desde las cuestiones más importantes de tu vida, como la salud, hasta aquellos detalles que pasan desapercibidos o que damos por hechos, como la oportunidad de comer con cubiertos. Reflexionaremos, por tanto, sobre diversos aspectos de la vida, incluso sobre los que no son necesariamente positivos. Todas las situaciones, tanto las buenas como las malas, forman parte de nuestro camino y nos ayudan a crecer. Cada persona tiene su propia realidad. Tú y yo no hemos tenido la misma infancia, nuestras historias son muy diferentes, pero tanto tú como yo hemos experimentado cosas que han modelado nuestro presente. Eso es precisamente lo que vamos a agradecer: nuestra realidad. Aunque tu vida no te satisfaga del todo, aunque no todo esté resuelto, aunque no hayas alcanzado esa meta final que visualizas, vamos a dar las gracias por nuestro viaje y nuestro presente, porque cada experiencia vivida nos ha enseñado algo y nos ha permitido construir lo que somos hoy.

Hay un matiz en este libro que me entusiasma especialmente, y es la oportunidad de alejarnos del teclado por unos minutos al día. Con los avances de la tecnología, muchas personas han dejado de lado la escritura manual. Sin embargo, numerosos estudios reflejan que las conexiones neuronales son mucho más elaboradas al escribir a mano, lo que favorece el aprendizaje, la memoria, la creatividad y la relajación. Soltar nuestras preocupaciones en el papel nos ayuda a sacarlas de nuestra cabeza y a aligerar la carga.

Estas páginas te acompañarán a lo largo del año brindándote un espacio para reflexionar y valorar las cosas buenas que te rodean. Recuerda que la clave está en la constancia, pero no te preocupes si algún día te olvidas. ¡Lo importante es incorporar el hábito de mostrar gratitud en tu vida!

¿CÓMO USAR ESTE LIBRO?

Busca un momento de tranquilidad en tu rutina para dedicarlo al diario. Puedes hacerlo en cualquier momento del día, pero te recomiendo tenerlo en un lugar visible: en tu mesita de noche, en tu escritorio o en la mesa donde tomas el café. Luego, escribe la fecha en el espacio correspondiente y responde a la pregunta diaria sobre qué agradeces de esa jornada.

Ten en cuenta que este diario está diseñado con una estructura anual, pero no te preocupes si este tesoro llegó a tus manos una vez iniciado el año. Puedes empezarlo cualquier día del mes o de la semana que corresponda y terminarlo con las páginas con las que arranca el libro. Lo importante es que rellenes estas hojas poco a poco y comiences a ver tu entorno con la mirada de la gratitud.

¿QUÉ VAS A ENCONTRAR?

- **Preguntas diarias.** Cada día verás una pregunta o reflexión que te llevará a agradecer un tema en concreto. Responderla o comentarla te tomará solo unos minutos.
- **Agradecimientos semanales.** Al final de cada semana, dispondrás del espacio del domingo para dar gracias por situaciones, pensamientos o sentimientos que hayan ocurrido durante este período y que desees inmortalizar en el diario, o mejor dicho, en tu diario.
- **Un espacio para anotaciones personales.** Al terminar cada mes tendrás la página de «Notas» en la que dejar apuntes personales.
- **Un registro de emociones.** Cada mes vas a contar con un registro que te ayudará a identificar y conocer mejor tus emociones.
- **La rueda de la vida.** Cada tres meses llevarás a cabo un ejercicio muy especial con el fin de hacer un pequeño parón y así poder integrar lo vivido en el trimestre.
- **Páginas especiales.** También vas a disponer de espacio donde plasmar frases inspiradoras, ejercicios para escribir una carta especial o incluso tus propósitos para el año nuevo y para el fin de año.
- **Una playlist.** Escanea el código QR para acceder a mi playlist «Despertando tu gratitud», que he creado para ti y para que la disfrutes junto con este diario. En ella encontrarás canciones que me hacen sentir viva, agradecida e inspirada. Puedes ponerla de fondo mientras anotas tus agradecimientos diarios o en cualquier momento del día para sumergirte cada vez más en una actitud de gratitud. Mándame tus solicitudes y propuestas de nuevas canciones a mis redes sociales @soy.letrista. ¡Sígueme y sugiere una canción que despierte tu gratitud!

Haz de la gratitud tu compañera diaria y descubre cómo transforma tu perspectiva. En las siguientes páginas comenzarás a despertar tu gratitud y a apreciar la belleza de lo cotidiano.

Promesa de Gratitud

Antes de comenzar, quiero invitarte a que firmes una promesa contigo y con tu gratitud:

Me comprometo a mirar con gratitud. Prometo intentar reconocer las bondades que me rodean, tanto grandes como pequeñas.

Entiendo que habrá días difíciles y días en los que no podré escribir en el diario, pero me comprometo a tener compasión conmigo. Este diario será un espacio seguro para expresarme sin miedo al juicio.

Me permitiré escribir, dibujar y rayar el papel sin preocuparme por la perfección.

Me comprometo a dejar las puertas abiertas para que la gratitud entre libremente en mi vida y así poder despertar mi agradecimiento por cuanto me rodea.

firma

Rueda de la vida

Vamos a empezar tomándonos un momento para ver con detalle diferentes áreas de tu vida. Este ejercicio de autoconocimiento creado por Paul J. Meyer te ayudará a conocer tu grado de satisfacción en diferentes aspectos de tu vida, como pueden ser la salud, las relaciones personales o las finanzas, entre otros.

Es esencial que reserves un poco más de tiempo para este ejercicio. Siéntate a solas en un espacio tranquilo y sigue los siguientes pasos:

1. Puntúa del 1 al 10 tu grado de satisfacción con cada una de las áreas de tu vida, y colorea el espacio correspondiente a la puntuación que hayas asignado.
2. Una vez coloreadas las ocho áreas, une la puntuación máxima de cada una con una línea para crear una figura geométrica. Esto te dará una imagen visual de la armonía en tu rueda: si logras una figura similar a un círculo, hay cierto equilibrio entre las diferentes áreas. De lo contrario, si observas picos e irregularidades entre

cada zona, es posible que algunas áreas estén menos satisfechas que otras. No te preocupes si encuentras desequilibrios: ¡es algo común!

3. Reflexiona sobre las razones que te llevaron a puntuar de esa manera cada área. En áreas con puntuaciones muy bajas, cuestiona si esa calificación es justa o si estás siendo demasiado exigente o perfeccionista. Esto te permitirá abordar el ejercicio con mayor objetividad.
4. Evalúa qué áreas tienen la puntuación más baja y establece metas para mejorar en el futuro.
5. Dentro de unos meses, tendrás nuevamente este ejercicio para que lo puedas repetir y observar qué cambios han ocurrido a lo largo del tiempo.

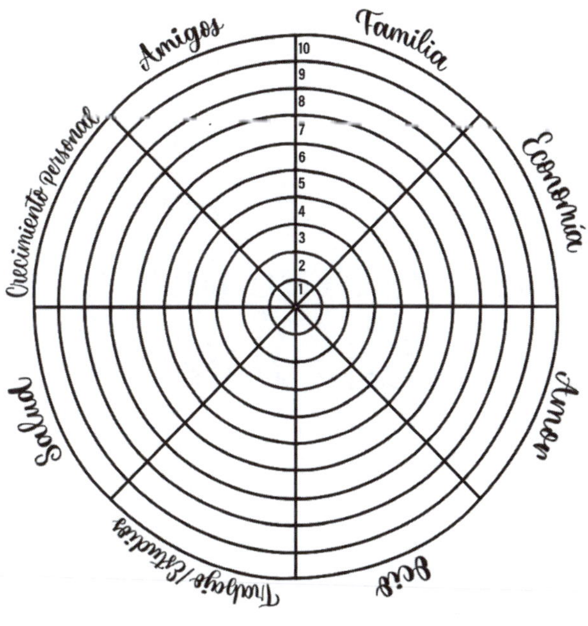

Frases que me inspiran

Anota aquí frases que te inspiren, te motiven o te levanten el ánimo.

Pueden ser:

- Citas célebres de personajes que admires.
- Frases inspiradoras de libros, películas o canciones.
- Reflexiones o pensamientos propios que te llenen de energía.
- Consejos de personas importantes para ti.

Este es tu rincón de la inspiración. ¡Disfrútalo!

Propósitos de inicio de año

Redacta tus propósitos para este año. Para tener una visión clara de tus metas, sigue estos consejos para formularlos:

1. Defínelos con detalle: establece objetivos claros y acciones concretas para conseguirlos.
2. Sé realista: adapta tus propósitos a tu realidad actual.
3. Regresa a esta página: es común olvidar los propósitos que nos establecemos a inicio de año. Revisa esta página con cierta frecuencia para recordar los que deseas alcanzar.
4. Celebra los pequeños logros: abraza y registra cada pequeña victoria que tengas para que tus objetivos se vean más alcanzables.

"La prueba de
toda felicidad
es la gratitud".

G. K. Chesterton

Enero

Agradeciendo lo esencial

Familia

Semana 1

LUNES ___/___/___

Escribe tres cualidades de tu familia que agradezcas.

1. ______________________________
2. ______________________________
3. ______________________________

MARTES ___/___/___

Piensa y apunta el nombre de tres familiares que han aportado o aportan actualmente algún valor a tu vida.

1. ______________________________
2. ______________________________
3. ______________________________

MIÉRCOLES ___/___/___

Escribe el nombre del familiar con el que más jugabas en tu infancia y agradece por él.

____

____

____

____

JUEVES ___/___/___

Una lección que hayas aprendido de tus padres o cuidadores.

VIERNES ___/___/___

Una lección que hayas aprendido de tus abuelos.

SÁBADO ___/___/___

¿Tienes algún familiar al que extrañas? Escribe su nombre y agradece por lo que hayas vivido y aprendido con esta persona.

DOMINGO ___/___/___

Apunta tus reflexiones generales y qué agradeces de lo vivido en esta semana.

Amigos

Semana 2

LUNES ___/___/___

Escribe el nombre de tres amigos de tu infancia.

1. ______________________________
2. ______________________________
3. ______________________________

MARTES ___/___/___

Escribe características o cualidades que tienes tú como amigo.

1. ______________________________
2. ______________________________
3. ______________________________

MIÉRCOLES ___/___/___

Apunta el nombre de un par de amigos que tengas presente en tu vida y agradece el regalo de contar con ellos.

1. ______________________________
2. ______________________________

JUEVES ___/___/___

Anota un momento especial que hayas vivido con tus amigos.

VIERNES ___/___/___

Escribe una lección que hayas aprendido con tus amistades.

SÁBADO ___/___/___

Escribe tu plan ideal con amigos.

DOMINGO ___/___/___

¿Qué situaciones destacarías de esta semana? Apúntalas y agradece haberlas vivido.

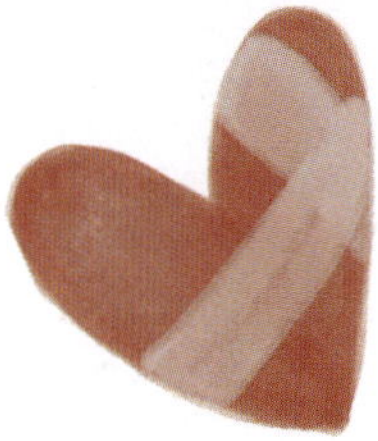

Salud

Semana 3

LUNES ___/___/___

Agradece las lecciones que has aprendido a través de tu salud. ¿Cómo te han fortalecido las experiencias, tanto las positivas como las más complicadas?

MARTES ___/___/___

¿Qué hizo hoy por ti tu cuerpo?

MIÉRCOLES ___/___/___

¿Qué hizo hoy por ti tu cerebro?

JUEVES ___/___/___

¿Qué hábito positivo seguiste hoy para que se beneficiara tu salud?

VIERNES ___/___/___

¿De qué herramientas dispones para afrontar los desafíos que puedan afectar tu salud?

SÁBADO ___/___/___

Recuerda a una persona que haya influido positivamente en tu salud.

DOMINGO ___/___/___

Escribe aquí las situaciones que has vivido durante la semana y agradece haberlas vivido.

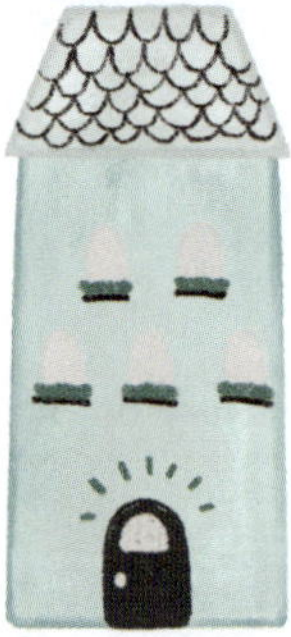

Hogar

Semana 4

LUNES ___/___/___

¿Cuál es el rincón favorito de tu hogar?

MARTES ___/___/___

Reflexiona sobre la función de tu hogar como refugio. ¿Qué es lo que agradeces más de tu hogar al levantarte para empezar el día o al llegar a él cuando terminas la jornada?

MIÉRCOLES ___/___/___

Piensa en algún objeto de tu casa que valores y te haga sentir bien. ¿Cuál es y por qué lo agradeces?

JUEVES ___/___/___

Reflexiona sobre las pequeñas cosas en tu hogar que a menudo pasan desapercibidas. ¿Qué detalles te hacen sonreír?

VIERNES ___/___/___

Valora la variedad de experiencias que tu hogar ha presenciado. Recuerda una situación especial o significativa ocurrida en tu casa y escríbela.

SÁBADO ___/___/___

Agradece a los productos de limpieza que facilitan el mantenimiento de tu hogar. ¿Cuál es tu favorito y por qué?

DOMINGO ___/___/___

Escribe las reflexiones y agradecimientos de esta semana.

Esparcimiento

Semana 5

LUNES ___/___/___

¿Qué actividades te gusta hacer en solitario para relajarte y conectar con la vida? Da las gracias por poder llevarlas a cabo.

MARTES ___/___/___

Reflexiona sobre los pequeños momentos en que puedes relajarte y distraerte. Escribe alguno de estos momentos que hayas tenido hoy y agradécelo.

MIÉRCOLES ___/___/___

Valora la compañía que puedes tener durante los momentos de esparcimiento. ¿Disfrutas relajándote en compañía de alguna persona en especial?

JUEVES ___/___/___

¿Qué actividad practicaste hoy que te hizo disfrutar?

VIERNES ___/___/___

Piensa en un hábito positivo que te ayude a liberar estrés. ¿Cómo te beneficia en tu vida?

SÁBADO ___/___/___

Reflexiona sobre un lugar específico que te brinda calma o equilibrio. ¿Cómo afecta ese lugar a tu capacidad para recargar energías?

DOMINGO ___/___/___

Apunta tus reflexiones y qué agradeces de lo vivido durante esta semana.

Registro de mis emociones

En este espacio podrás llevar un registro que te ayude a identificar y conocer mejor tus emociones. Además, te permitirá ver cómo estas van cambiando en el transcurso de los meses.

Aquí te propongo que selecciones tú mismo las emociones que sientes y necesitas expresar, y les asignes el color que mejor las representa.

Anota en el apartado de la leyenda la emoción y el color que le asignas (por ejemplo, el amarillo para la alegría o el azul para la tristeza). Tú decides el color y las emociones que quieras añadir según tus sentimientos o sensaciones y según cómo te hayas sentido a lo largo del día. ¡Este ejercicio es completamente tuyo!

Indica a continuación en la rueda el color correspondiente a la emoción en cada día del mes. Ello te permitirá ver qué color/emoción lo ha dominado y contrastarlo con el resto de los meses del año.

Antes de comenzar, ten en cuenta que no existen emociones buenas ni malas. Todas son válidas y tienen una función en tu vida.

Este registro será tu lienzo personal, en el que crees un recorrido visual de tu mundo interior.

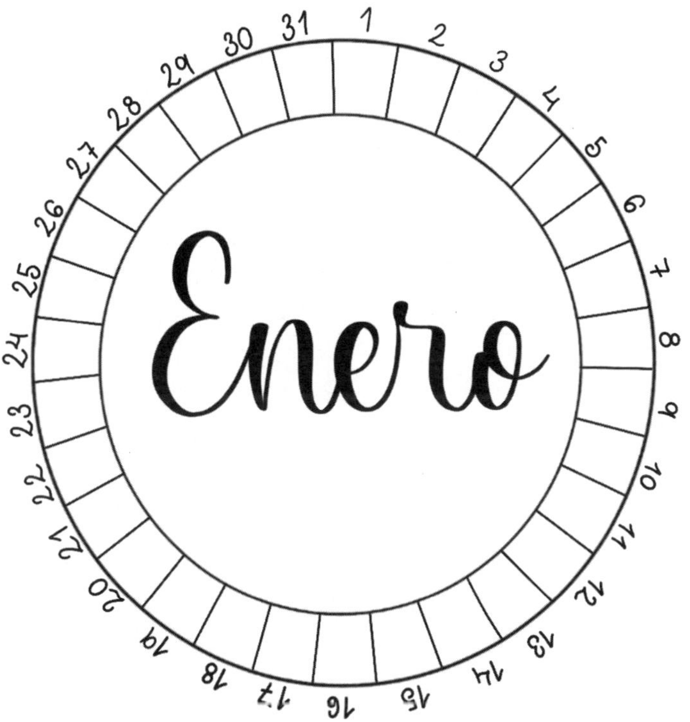
Enero
1 2 3 4 5 6 7 8 9 10 11 12 13 14 15 16 17 18 19 20 21 22 23 24 25 26 27 28 29 30 31

Leyenda

- [ ] ____________________
- [ ] ____________________
- [ ] ____________________
- [ ] ____________________
- [ ] ____________________
- [ ] ____________________
- [ ] ____________________
- [ ] ____________________
- [ ] ____________________
- [ ] ____________________
- [ ] ____________________
- [ ] ____________________

Notas

"Las flores son la sonrisa de la tierra".

Ralph Waldo Emerson

Febrero

La naturaleza

Flora

Semana 1

LUNES ___/___/___

Piensa en alguna planta que tengas en tu hogar o que puedas ver desde tu ventana. Escribe aquí qué característica le agradeces.

MARTES ___/___/___

Las plantas nos brindan alimento, medicina, oxígeno, madera y mucho más. Piensa en la importancia de la vegetación en tu presente y da las gracias por el regalo.

MIÉRCOLES ___/___/___

Valora la contribución que aportan las plantas a tu hogar: embellecen el espacio y mejoran la calidad del aire. Muestra gratitud por el ambiente que crean.

JUEVES ___/___/___

Reflexiona sobre los alimentos que provienen de las plantas y que puedes consumir. Agradece la influencia que tienen sobre tu salud y bienestar.

VIERNES ___/___/___

Reflexiona sobre el impacto que tienen los parques y las zonas verdes que se encuentran cerca de tu hogar o trabajo. ¿Cómo contribuyen a crear un entorno agradable? Siéntete agradecido por la belleza que aportan.

SÁBADO ___/___/___

La naturaleza nos da un ejemplo sobre la providencia: las plantas, sin esfuerzo ni preocupación, reciben sustento para su crecimiento. Toma este ejemplo y reflexiona sobre la abundancia, el cuidado y la providencia que tú como ser humano recibes.

DOMINGO ___/___/___

Escribe las reflexiones y agradecimientos de esta semana.

Paisajes

Semana 2

LUNES ___/___/___

Piensa en el paisaje más bonito que has visto estos días. Escribe aquí ese recuerdo y agradece lo que te hizo sentir.

MARTES ___/___/___

Encontrarnos ante un paisaje como una montaña o una playa nos puede transmitir sensaciones de libertad o plenitud. Escribe qué sensaciones has tenido contemplando algún paisaje y agradece haber disfrutado de ello.

MIÉRCOLES ___/___/___

Escribe una experiencia que hayas tenido en un entorno natural que hoy recuerdes con cariño y agradezcas haber vivido.

JUEVES ___/___/___

Piensa en los colores que te ofrecen los paisajes. ¿Qué agradeces de la paleta de colores naturales que te rodean?

VIERNES ___/___/___

Valora la capacidad de los paisajes para inspirar creatividad. ¿Cómo influye la naturaleza en tu creatividad? ¿Y qué tienes que agradecerle?

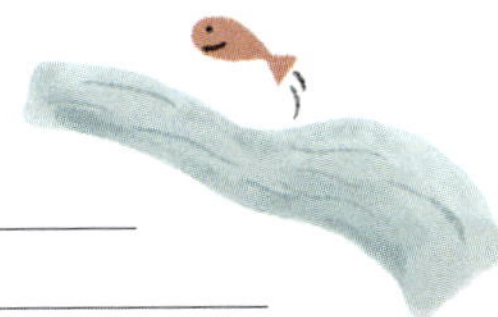

SÁBADO ___/___/___

Valora la diversidad de la naturaleza. ¿Qué es lo que agradeces de la variedad de paisajes u horizontes?

DOMINGO ___/___/___

Antes de despedirte de la semana, da las gracias por los momentos grandes o pequeños que has vivido en los últimos días y deseas guardar en tu memoria.

Estaciones

Semana 3

LUNES ___/___/___

Reflexiona sobre los cambios estacionales en los paisajes. ¿Qué aprecias de cada estación y cómo te afectan positivamente estos cambios en la naturaleza?

MARTES ___/___/___

¿Qué colores y sensaciones de la primavera agradeces?

MIÉRCOLES ___/___/___

¿Qué colores y sensaciones del verano agradeces?

JUEVES ___/___/___

¿Cómo influyen el brillo del sol y la vitalidad característica del verano en tu bienestar y qué aspectos agradeces de esta época?

VIERNES ___/___/___

¿Qué colores y sensaciones del otoño agradeces? ¿Cómo afectan los tonos cálidos y la caída de las hojas en tu percepción del entorno y qué valoras de esta estación?

SÁBADO ___/___/___

¿Qué colores y sensaciones del invierno agradeces? ¿Cómo influye la serenidad del invierno en ti y qué agradeces de esta temporada?

DOMINGO ___/___/___

¿Qué situaciones destacarías de esta semana? Apúntalas y agradece haberlas vivido.

Fauna

Semana 4

LUNES ___/___/___

Valora los animales que estén presentes en tu vida de forma directa o indirecta. ¿Qué aportan en tu día a día?

MARTES ___/___/___

Piensa en los sonidos de los animales que embellecen el entorno. ¿Hay algún sonido que agradezcas especialmente, como el cantar de los pájaros o el galopar de un caballo?

MIÉRCOLES ___/___/___

Escribe una experiencia con un animal que te haya marcado positivamente.

JUEVES ___/___/___

¿Qué especie animal admiras por su belleza, su comportamiento o su rol en el ecosistema?

VIERNES ___/___/___

Da las gracias por la capacidad de los animales para enseñarnos lecciones. ¿Has aprendido algo importante sobre la vida, la paciencia, la adaptabilidad o la resistencia observando a los animales?

SÁBADO ___/___/___

Reflexiona sobre la conexión entre los seres humanos y los animales. ¿En qué formas los animales contribuyen a nuestra salud y bienestar? ¿Qué agradeces de la relación que tenemos con los animales?

DOMINGO ___/___/___

Escribe las reflexiones y agradecimientos de esta semana.

Registro de mis emociones

Leyenda

Notas

"La alegría llega en momentos cotidianos".

Brené Brown

Marzo

Las emociones

Alegría

Semana 1

LUNES ___/___/___

Anota un momento que recuerdes con mucha alegría y agradécelo.

MARTES ___/___/___

Piensa en algo que te haya hecho sonreír hoy y agradécelo.

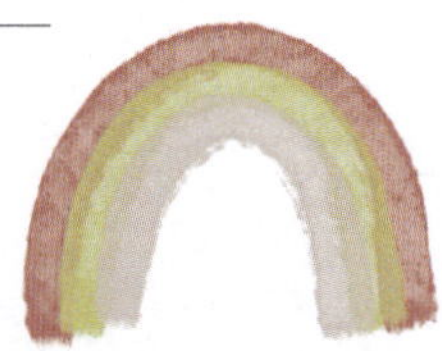

MIÉRCOLES ___/___/___

Cuando estás alegre, ¿en qué parte del cuerpo sientes la emoción?

JUEVES ___/___/___

Piensa en una persona a la que ames. ¿Qué la hace sentirse alegre? Agradece sus momentos de alegría.

VIERNES ___/___/___

Recuerda un momento de esta semana en el que hayas llenado de alegría a otra persona.

SÁBADO ___/___/___

Piensa en una persona que te haya acompañado en un momento de alegría.

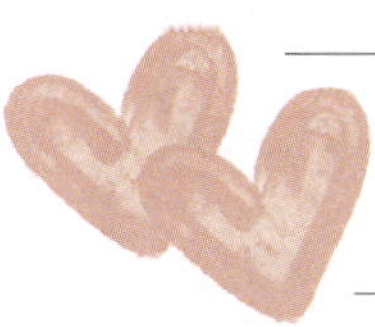

DOMINGO ___/___/___

¿Por qué momentos de esta semana quieres dar las gracias?

Tristeza

Semana 2

LUNES ___/___/___

Aunque a nadie le gusta sentirse triste, esta emoción puede traer lecciones y aprendizajes valiosos. ¿Recuerdas algún momento en el que te has sentido triste y has aprendido algo de valor? Escríbelo aquí y agradece haberlo vivido.

MARTES ___/___/___

Agradece aquello que te reconforta en los momentos de tristeza.

MIÉRCOLES ___/___/___

Piensa en una persona que te haya acompañado en un momento de tristeza.

JUEVES ___/___/___

Reflexiona sobre la importancia del llanto. Recuerda aquí algún momento en el que el llanto te haya ayudado a seguir adelante y muestra tu gratitud.

VIERNES ___/___/___

Agradece alguna ocasión en la que hayas apoyado a una persona durante un momento de tristeza.

SÁBADO ___/___/___

Valora cómo la tristeza ayuda a sanar y liberar emociones acumuladas. ¿Le das espacio a la tristeza cuando es necesario?

DOMINGO ___/___/___

Escribe las reflexiones y los agradecimientos de esta semana.

Miedo

Semana 3

LUNES __/__/__

Agradece aquí la función que el miedo cumple en tu vida, que es la de ayudar a prepararnos para situaciones peligrosas y evitar amenazas reales.

MARTES __/__/__

Agradece algún momento en el que hayas podido controlar el miedo y sobrellevar la situación.

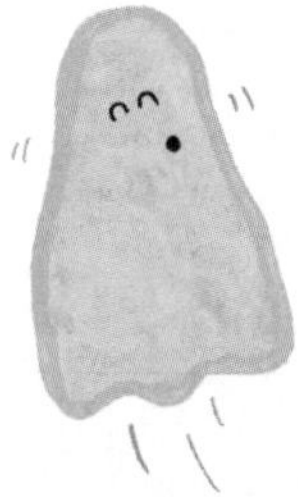

MIÉRCOLES __/__/__

Agradece algún miedo del pasado que hayas superado.

JUEVES __/__/__

Agradece aquello que te hace vulnerable y auténtico. La vulnerabilidad es la base de emociones como el miedo, y abrazarla permite que nazca el amor y la empatía.

VIERNES __/__/__

Muestra tu agradecimiento a una persona que te haya acompañado en momentos de miedo y angustia.

SÁBADO __/__/__

Piensa en una ocasión en la que fueras compañía y apoyo de alguien que sentía miedo. ¿Qué agradeces de esa situación?

DOMINGO __/__/__

Escribe situaciones que te hayan ocurrido en los últimos días y agradece haberlas vivido.

Enfado

Semana 4

LUNES ___/___/___

Escribe algo que agradezcas del enfado teniendo en cuenta que esta emoción, en su correcta medida, nos ayuda a marcar límites, a defendernos de injusticias y a movilizarnos para solucionar problemas.

MARTES ___/___/___

Escribe un momento de rabia que supieras manejar y que te permitiera crecer personalmente.

MIÉRCOLES ___/___/___

Escribe aquí una cosa que te haga enfadar y una posible solución a ese conflicto.

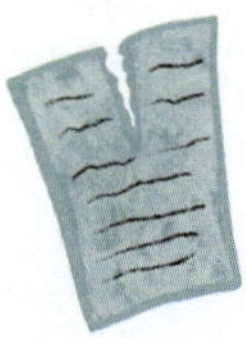

JUEVES ___/___/___

¿Qué problema has solucionado tras un episodio de enojo? Escríbelo aquí.

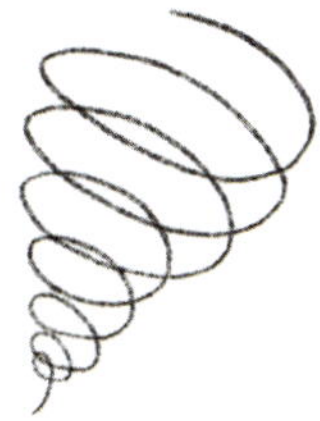

VIERNES ___/___/___

Piensa en un momento en el que experimentaste rabia y pudiste manejarla de manera constructiva. ¿Cómo te sentiste después de gestionar esa emoción?

SÁBADO ___/___/___

Describe una experiencia en la que el enfado fue el catalizador que te impulsó a tomar decisiones y mejorar algún aspecto de tu vida.

DOMINGO ___/___/___

¿Qué situaciones destacarías de esta semana? Apúntalas y agradece haberlas vivido.

Sorpresa

Semana 5

LUNES ___/___/___

Agradece la sensación de sorprenderte con cosas grandes o pequeñas, como conocer un lugar nuevo, recibir un regalo o que se despierte tu curiosidad ante nuevas experiencias.

MARTES ___/___/___

Da las gracias por una gran sorpresa que hayas recibido en tu vida.

MIÉRCOLES ___/___/___

Agradece la última sorpresa que recuerdas.

JUEVES ___/___/___

Muestra aquí tu agradecimiento por una pequeña sorpresa de la que hayas disfrutado.

VIERNES ___/___/___

Reflexiona sobre un momento en el que no sabías qué esperar, pero acabaste viviendo una buena experiencia.

SÁBADO ___/___/___

¿Has dado alguna sorpresa que haya fortalecido tu conexión con esa persona?

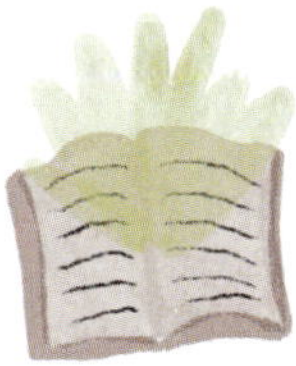

DOMINGO ___/___/___

Escribe las reflexiones y tus agradecimientos de esta semana.

Registro de mis emociones

Leyenda

Notas

Carta

En este momento, vas a escribir una carta de agradecimiento. El destinatario lo eliges tú. Puede ser a una persona en concreto, a tu «yo» del pasado o incluso a tu futuro.

Si decides escribir esta carta a alguien en particular, no tiene por qué ser entregada. Tómate este espacio como un momento para ser consciente del presente, de tus sentimientos y aprendizajes. Si luego deseas comunicar esto a alguien más, será bienvenido. Pero no quiero que limites tus palabras o moderes tus sentimientos. Este es un espacio para soltar y agradecer. Para facilitarte el ejercicio, puedes seguir la siguiente estructura:

Para

Hoy te quiero agradecer por:

Contigo aprendí que:

Me haces sentir:

Deseo para ti que:

De

Fecha

Rueda de la vida

¿Recuerdas el ejercicio de la rueda de la vida? ¡Ha llegado el momento de repetirlo! Después de estos tres meses de gratitud, quiero invitarte a hacer un parón y evaluar nuevamente las diferentes áreas de tu vida.

Quizá notes cambios en comparación con la primera vez que realizaste este ejercicio, bien sea por situaciones que se te han presentado en estos meses o porque tu perspectiva ahora sea otra.

En caso de que no recuerdes cómo realizar el ejercicio, aquí tienes nuevamente las instrucciones:

1. Puntúa del 1 al 10 tu grado de satisfacción con cada una de las áreas de tu vida, y colorea el espacio correspondiente a la puntuación que hayas asignado.
2. Una vez coloreadas las ochos áreas, une la puntuación máxima de cada una con una línea para crear una figura geométrica. Esto te dará una imagen visual de la armonía en tu rueda: si logras una figura similar a un círculo, hay cierto equilibrio entre las diferentes áreas. De lo con-

trario, si observas picos e irregularidades entre cada zona, es posible que algunas áreas estén menos satisfechas que otras. No te preocupes si encuentras desequilibrios: ¡es algo común!

3. Reflexiona sobre las razones que te llevaron a puntuar de esa manera cada área. En áreas con puntuaciones muy bajas, cuestiona si esa calificación es justa o si estás siendo demasiado exigente o perfeccionista. Esto te permitirá abordar el ejercicio con mayor objetividad.
4. Evalúa qué áreas tienen la puntuación más baja y establece metas para mejorar en el futuro.
5. Dentro de unos meses, harás nuevamente este ejercicio para que lo puedas repetir y observar qué cambios han ocurrido a lo largo del tiempo.

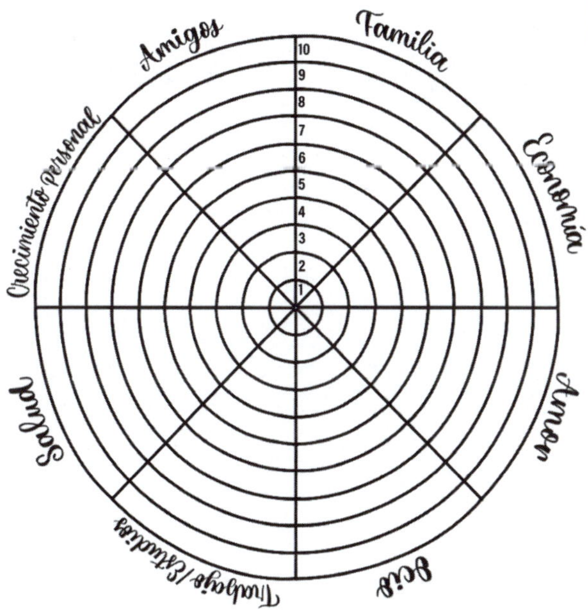

"El arte no
es lo que ves, sino
lo que haces ver".

Edgar Degas

Abril

El arte

Música

Semana 1

LUNES ___/___/___

Agradece una canción que hayas escuchado hoy. Escribe cuál es y qué te hizo sentir.

MARTES ___/___/___

Escribe el nombre de una canción que haya marcado alguna etapa especial de tu vida. Seguro que enseguida caerás en la cuenta de cómo la música nos acompaña en los momentos difíciles, pero también en los alegres.

MIÉRCOLES ___/___/___

Escribe qué característica de la música, ya sea en concierto o en *streaming*, agradeces especialmente.

JUEVES ___/___/___

Piensa sobre la estrecha relación que tienen la poesía y la música, y reflexiona sobre la letra de una canción que te conmueva.

VIERNES ___/___/___

Muestra tu agradecimiento a tres músicos o cantantes que te gustan y que te han acompañado a lo largo de tu vida.

SÁBADO ___/___/___

Reflexiona sobre la influencia de la música en tu creatividad y da las gracias por ello.

DOMINGO ___/___/___

Escribe las reflexiones y agradecimientos de esta semana.

Pintura

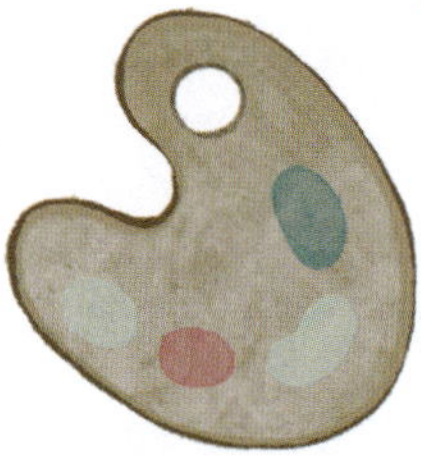

Semana 2

LUNES ___/___/___

Agradece la capacidad de los cuadros para contar historias sin palabras. ¿Hay alguna obra que te haya transmitido un mensaje o te haya transportado a un lugar especial?

MARTES ___/___/___

Muestra tu gratitud a algún pintor o ilustrador que conozcas y con el que disfrutes... ¿Qué aspectos de su estilo o enfoque encuentras inspiradores?

MIÉRCOLES ___/___/___

¿Alguna vez has tenido la oportunidad de pintar o crear algo con las manos? Da las gracias por los sentimientos que experimentaste.

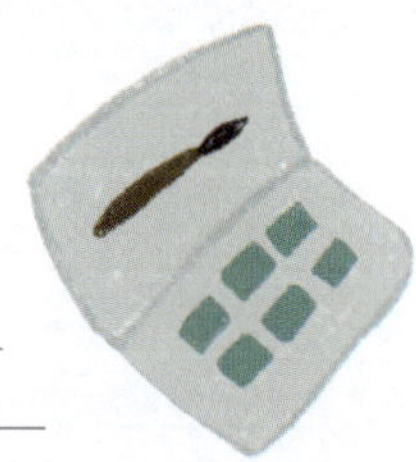

JUEVES ___/___/___

Describe alguna pieza que hayas visto en los últimos días y te haya llamado la atención especialmente.

VIERNES ___/___/___

¿Has tenido la oportunidad de visitar una galería de arte o un museo? Agradece haber disfrutado de esa experiencia visual y cultural. ¿Qué obras te impresionaron?

SÁBADO ___/___/___

Reflexiona sobre la posibilidad de regalar o recibir una obra de arte. Agradece los sentimientos de conexión y aprecio que pueden crear los artistas (grandes o pequeños). ¿Hay alguna ocasión en la que hayas regalado una pieza de arte o te la hayan regalado a ti?

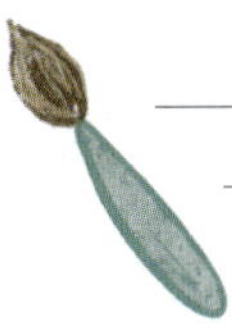

DOMINGO ___/___/___

Apunta tus reflexiones generales y qué agradeces de lo vivido en esta semana.

Literatura

Semana 3

LUNES ___/___/___

¿Disfrutas de la lectura, aunque sea de forma esporádica? Agradece esos momentos de relajación y entretenimiento que has encontrado en la lectura, incluso si no es una actividad frecuente para ti.

MARTES ___/___/___

Muestra tu gratitud por la posibilidad de escribir y expresarte a través de la palabra escrita. ¿Hay alguna ocasión en la que la escritura te haya proporcionado claridad o consuelo?

MIÉRCOLES ___/___/___

¿Alguna vez has descubierto un libro que te haya llevado a aprender algo nuevo? Da las gracias por la ventana a nuevos conocimientos y perspectivas que nos ofrecen los libros.

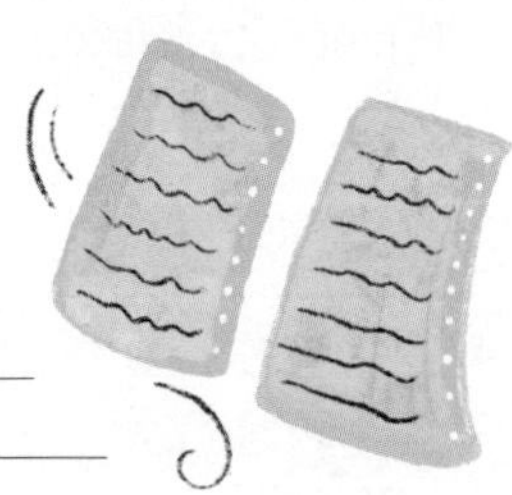

JUEVES ___/___/___

Agradece los momentos que te ha brindado la lectura y la capacidad de sumergirte en un buen libro como medio de escape o reflexión.

VIERNES ___/___/___

Escribe el nombre de algún libro que hayas leído y que recuerdes con gratitud por lo bien que te hizo leerlo o por cuánto lo disfrutaste.

SÁBADO ___/___/___

Muestra aquí tu agradecimiento a tus autores favoritos y la influencia que han tenido en tu vida.

DOMINGO ___/___/___

Escribe aquí las situaciones vividas esta semana y que agradeces haber vivido.

Cine

Semana 4

LUNES ___/___/___

¿Con qué disfrutas más cuando ves una película? Agradece los pequeños detalles que crean el ambiente perfecto de ese momento.

MARTES ___/___/___

¿Qué género disfrutas más? Escribe aquí el tipo de película con el que pasas un buen rato.

MIÉRCOLES ___/___/___

¿Cuál es tu serie preferida? ¿Cómo te sientes al verla?

JUEVES ___/___/___

Escribe aquí tus tres películas y tus tres series favoritas.

VIERNES ___/___/___

Agradece la posibilidad que te brinda el cine de conectar con personajes. ¿Algún personaje de una película o serie te ha inspirado o enseñado algo valioso? ¿Alguno con el que hayas empatizado especialmente?

SÁBADO ___/___/___

¿Cuál es la última película o serie que has visto? ¿Qué agradeces de ellas?

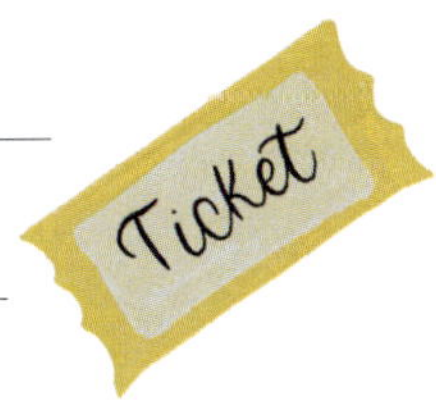

DOMINGO ___/___/___

Escribe situaciones que te hayan ocurrido en los últimos días y muestra tu agradecimiento por haberlas vivido.

Registro de mis emociones

Leyenda

- ☐ ____________________
- ☐ ____________________
- ☐ ____________________
- ☐ ____________________
- ☐ ____________________
- ☐ ____________________
- ☐ ____________________
- ☐ ____________________
- ☐ ____________________
- ☐ ____________________
- ☐ ____________________
- ☐ ____________________

Notas

"Alrededor de la mesa todos somos iguales".

Anónimo

Mayo

La gratitud en la cocina

Alimentación

Semana 1

LUNES ___/___/___

¿Cuál es el alimento con el que más has disfrutado hoy? Escríbelo aquí y agradece el regalo de tenerlo.

MARTES ___/___/___

Escribe el nombre de tus tres platos preferidos.

1. ______
2. ______
3. ______

MIÉRCOLES ___/___/___

¿Cuántas comidas has hecho hoy? Da las gracias por haberlas disfrutado.

JUEVES ___/___/___

Escribe el nombre de una receta casera que te encante. Agradece la posibilidad de disfrutar de comidas preparadas en casa y la diversidad de sabores que puedes explorar.

VIERNES ___/___/___

Escribe el nombre de un ingrediente básico que haya sido esencial en tu alimentación diaria. Agradece el hecho de tener a mano ese ingrediente y reflexiona sobre cómo ha contribuido a tu nutrición.

SÁBADO ___/___/___

Reflexiona sobre tu creatividad culinaria cuando no tienes todos los ingredientes. Agradece tu capacidad de encontrar alternativas y crear platos con recursos limitados. ¿Hay alguna receta simple pero deliciosa que hayas descubierto y que te haya traído mucha alegría?

DOMINGO ___/___/___

¿Por qué momentos de esta semana deseas dar las gracias?

Utensilios

Semana 2

LUNES ___/___/___

Muestra tu agradecimiento por tus utensilios de cocina. ¿Qué papel juegan en la preparación de tus comidas diarias y en la facilidad con la que puedes llevar a cabo tus recetas?

MARTES ___/___/___

¿Qué utensilios de cocina has utilizado hoy? ¿Qué habría pasado si no los hubieras tenido a mano?

MIÉRCOLES ___/___/___

¿Hay algún objeto en tu cocina que sea imprescindible para ti? Escribe aquí cuál y da las gracias por tenerlo.

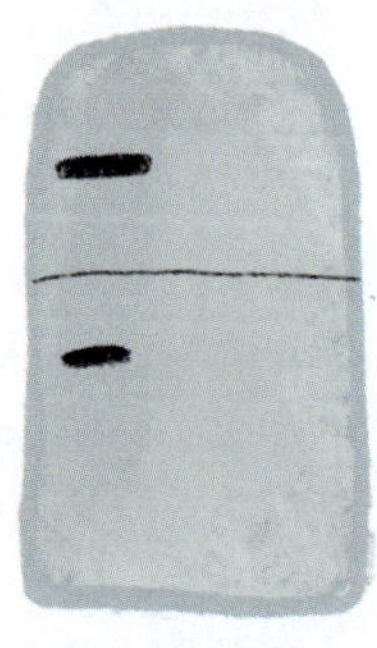

JUEVES ___/___/___

Piensa en los utensilios que necesitas para preparar tu plato favorito. ¿Cuentas al menos con los elementos básicos que te permiten cocinar tus recetas con comodidad y eficiencia?

VIERNES ___/___/___

Da las gracias por contar con vajilla, cubiertos y vasos para recibir a tus invitados. ¿Valoras tener los elementos esenciales para compartir momentos especiales alrededor de la mesa?

SÁBADO ___/___/___

¿Tienes alguna taza, vaso u otro objeto de la casa que te traiga un buen recuerdo? Escribe aquí cuál y da las gracias por ello.

DOMINGO ___/___/___

Antes de despedirte de la semana, agradece los momentos grandes o pequeños que has vivido en los últimos días y deseas guardar en tu memoria.

Sabores

Semana 3

LUNES ___/___/___

Reflexiona sobre la importancia de los condimentos y las salsas en tus comidas. ¿Hay alguna especia o un ingrediente en particular que añadas a tus comidas porque te guste especialmente?

MARTES ___/___/___

Escribe el nombre de una comida salada que te guste y da las gracias por poder disfrutarla.

MIÉRCOLES ___/___/___

Agradece los sabores que ofrecen las comidas tradicionales de tu cultura. ¿Hay alguna comida tradicional que te haga sentir gratitud por tus orígenes?

JUEVES ___/___/___

Escribe el nombre de una bebida refrescante que te guste. Da las gracias por la satisfacción que te aporta y por cómo complementa tus comidas.

VIERNES ___/___/___

Reflexiona sobre la importancia de los sabores familiares y reconfortantes. Agradece la conexión emocional que experimentas al disfrutar de platos que te recuerdan momentos especiales. ¿Hay alguna comida casera que te genere nostalgia?

SÁBADO ___/___/___

Reflexiona sobre tu sabor favorito: si disfrutas más las comidas dulces, saladas, ácidas, picantes, amargas... Agradece el sabor que más te guste.

DOMINGO ___/___/___

Apunta aquí por qué acontecimientos de esta semana quieres dar las gracias.

Compartir en la mesa

Semana 4

LUNES ___/___/___

¿Con qué personas disfrutas más compartiendo la mesa? Escribe sus nombres y agradece el regalo de que estén en tu vida.

MARTES ___/___/___

Recuerda alguna ocasión en la que hayas disfrutado mucho una comida con alguien. Escribe aquí por qué agradeces ese momento.

MIÉRCOLES ___/___/___

En tu opinión, ¿cuál es la comida perfecta para compartir con la gente que amas? Escríbela y agradece tener la oportunidad de comer en compañía.

JUEVES ___/___/___

¿En alguna ocasión has cocinado para otra persona?¿Cómo influyó esa experiencia en vuestra relación? Agradece la oportunidad que tienes de brindar placer y cuidado a través de la comida.

VIERNES ___/___/___

Valora las sobremesas con la gente que aprecias después de una buena comida. ¿Qué atesoras de esos momentos?

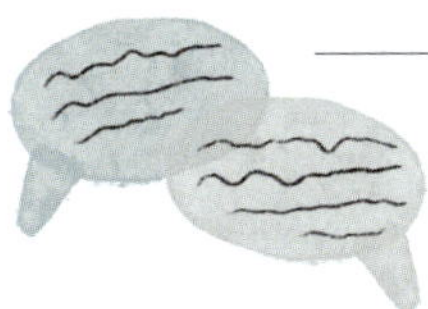

SÁBADO ___/___/___

Escribe el nombre de alguien con quien hayas compartido recientemente una comida significativa. Da las gracias por la conexión y las conversaciones que surgieron.

DOMINGO ___/___/___

¿Qué situaciones destacarías de esta semana? Apúntalas y agradécelas.

Registro de mis emociones

Leyenda

Notas

"Las ciudades son libros que se leen con los pies".

Quintin Cabrera

Junio

El ocio

Viajes y paseos

Semana 1

LUNES __/__/__

Piensa en un viaje en el que te sorprendiera el entorno. Agradece la capacidad que tienes de maravillarte y apreciar la belleza del mundo.

MARTES __/__/__

Piensa en un destino que siempre has soñado visitar. ¿Qué es lo que te atrae de ese lugar? Da las gracias por tu capacidad de soñar y planificar futuros viajes, incluso si aún no se han materializado.

MIÉRCOLES __/__/__

Piensa en una tradición local que hayas vivido durante un viaje. ¿Qué aspecto de esa tradición valoras? Muestra tu agradecimiento por la riqueza cultural que estas experiencias aportan a tus recuerdos de viaje.

JUEVES __/__/__

Cuando no se puede viajar, agradece la posibilidad que te brinda la tecnología para explorar lugares, ya sea mediante un vídeo o un viaje virtual.

VIERNES __/__/__

¿Qué aspectos valoras más durante un viaje? ¿Qué es lo que más disfrutas de viajar?

SÁBADO __/__/__

A veces no es necesario dar la vuelta al mundo para sentir la desconexión propia de un viaje. Con tan solo dar un paseo por tu ciudad puedes salir de tu rutina y disfrutar. ¿Hay algún rincón especial, una cafetería acogedora o un parque por el que des las gracias?

DOMINGO __/__/__

Apunta tus reflexiones generales y qué agradeces de lo vivido esta semana.

Aventura y calma

Semana 2

LUNES ___/___/___

Escoge y escribe sobre una actividad al aire libre que hayas realizado. Agradece el haber podido disfrutarla.

MARTES ___/___/___

Valora la oportunidad de desconectar del estrés desde la calma de tu hogar. ¿Qué actividades haces en casa para relajarte y que te hacen bien?

MIÉRCOLES ___/___/___

Recuerda una aventura que te haya llenado de adrenalina. Agradece la oportunidad de desafiar tus límites y vivir experiencias emocionantes.

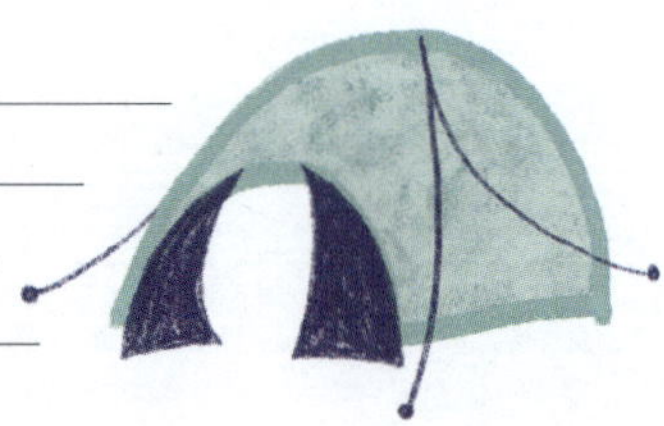

JUEVES ___/___/___

Piensa en alguna ocasión en la que tu espíritu aventurero hizo que te dejases llevar por un plan que no sabías en qué consistía exactamente, pero del que acabaste disfrutando.

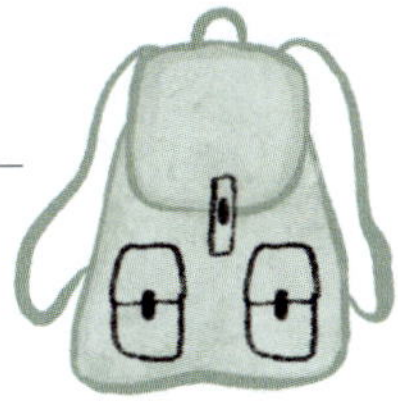

VIERNES ___/___/___

Considera una actividad que hayas realizado en tu ciudad. ¿Hay lugares o eventos específicos a los que hayas acudido? Agradece estas oportunidades que te brinda tu localidad.

SÁBADO ___/___/___

Recuerda una actividad cotidiana que te ofrezca momentos de calma. ¿Hay algo que hagas con regularidad para relajarte y disfrutar del presente? Agradece estos pequeños rituales que aportan paz a tu cotidianidad.

DOMINGO ___/___/___

Da gracias por las situaciones que has vivido esta semana y que no quieres olvidar.

Compañía

Semana 3

LUNES ___/___/___

La compañía es un bonito factor a la hora de viajar y disfrutar. Escribe el nombre de personas con las cuales hayas viajado o paseado, y agradece el hecho de que estén presentes en tu vida.

MARTES ___/___/___

Imagina una tarde de relax y elige a una persona con la que te gustaría estar. Agradece la posibilidad de disfrutar de momentos tranquilos en buena compañía.

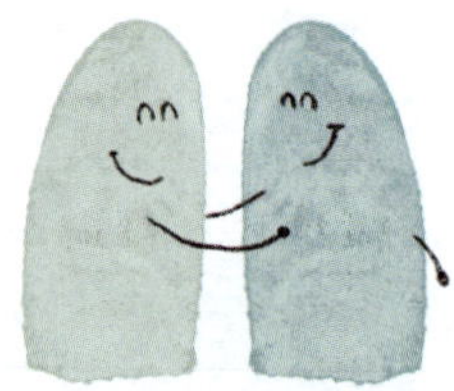

MIÉRCOLES ___/___/___

Piensa en una persona a la que invitarías a un viaje. ¿A dónde te gustaría ir y cómo enriquecería esa persona tu experiencia? Agradece la diversidad de relaciones que aún estás por descubrir.

JUEVES ___/___/___

Piensa en alguien con quien hayas tenido conversaciones profundas y significativas durante tus momentos de ocio. Da las gracias por las relaciones de calidad que tienes en tu vida.

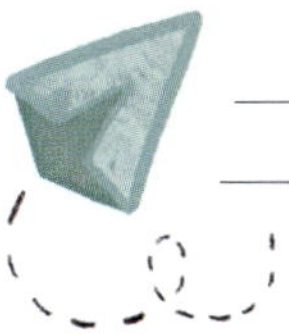

VIERNES ___/___/___

¿Disfrutas los momentos a solas para desconectar? Escribe aquí alguna experiencia de viaje o paseo que hayas realizado a solas y por qué agradeces ese momento.

SÁBADO ___/___/___

Recuerda a alguien que hayas conocido durante un viaje y que te haya dejado huella. ¿Qué lecciones o experiencias valiosas te brindó esa persona? Agradece los encuentros significativos que enriquecieron tus viajes.

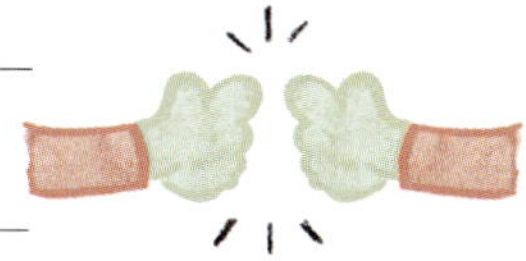

DOMINGO ___/___/___

¿Qué situaciones destacarías de esta semana? Apúntalas y agradécelas.

Deporte

Semana 4

LUNES ___/___/___

Escribe aquí cuál es tu deporte favorito y lo que más disfrutas de él.

MARTES ___/___/___

Piensa en un deporte como espectador. ¿Hay algún deporte que te guste observar? ¿Eres fan de algún equipo?

MIÉRCOLES ___/___/___

Piensa en un deporte que te gustaría probar y que aún no has tenido la oportunidad o te ha faltado coraje para hacerlo. ¿Qué te atrae de él y cómo crees que te enriquecería? Agradece tener la curiosidad de probar nuevas experiencias.

JUEVES ___/___/___

Reflexiona sobre cómo la práctica del deporte contribuye a tu bienestar mental. ¿Has notado mejoras en tu salud mental gracias al ejercicio físico? Agradece la claridad mental y la liberación de tensiones conseguidas mediante el deporte.

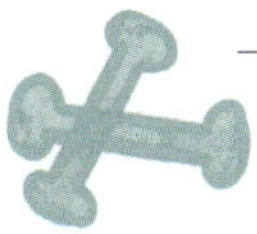

VIERNES ___/___/___

Piensa en un deporte o una actividad física que realizabas en tu infancia y que recuerdes con cariño. ¿Qué agradeces de esa experiencia?

SÁBADO ___/___/___

Reflexiona sobre los valores que aporta el mundo del deporte, como la disciplina, el trabajo en equipo, el respeto y la dedicación. ¿Qué has aprendido del deporte?

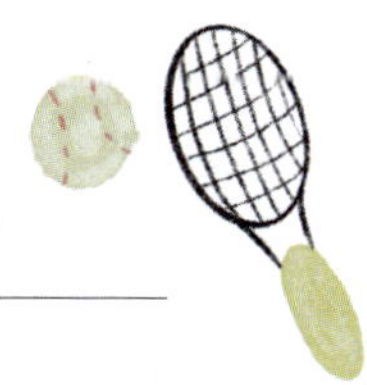

DOMINGO ___/___/___

Escribe aquí las situaciones que has vivido durante la semana y que quieres agradecer.

Registro de mis emociones

Leyenda

Notas

Carta

¡Retomamos la carta de gratitud! Recuerda que el destinatario lo eliges tú. No es necesario que entregues esta carta, simplemente llena este espacio con tus palabras.

Para

Hoy te quiero agradecer por:

Contigo aprendí que:

Me haces sentir:

Deseo para ti que:

De

Fecha

Rueda de la vida

¡Nos volvemos a encontrar con la rueda de la vida! Así que ya sabes que es hora de hacer un parón y detallar estos ocho aspectos de tu vida.

Recuerda que puedes notar cambios en comparación con las últimas ruedas, ya sea por situaciones que se te han presentado en estos meses o porque tu perspectiva ahora es otra.

Vamos a recordar cómo se realiza este ejercicio:

1. Puntúa del 1 al 10 tu grado de satisfacción con cada una de las áreas de tu vida, y colorea el espacio correspondiente a la puntuación que hayas asignado.
2. Una vez coloreadas las ocho áreas, une la puntuación máxima de cada una con una línea para crear una figura geométrica. Esto te dará una imagen visual de la armonía en tu rueda: si logras una figura similar a un círculo, hay cierto equilibrio entre las diferentes áreas. De lo contrario, si observas picos e irregularidades entre cada zona, es posible que algunas áreas estén

menos satisfechas que otras. No te preocupes si encuentras desequilibrios: ¡es algo común!

3. Reflexiona sobre las razones que te llevaron a puntuar de esa manera cada área. En áreas con puntuaciones muy bajas, cuestiona si esa calificación es justa o si estás siendo demasiado exigente o perfeccionista. Esto te permitirá abordar el ejercicio con mayor objetividad.
4. Evalúa qué áreas tienen la puntuación más baja y establece metas para mejorar en el futuro.
5. Dentro de unos meses, tendrás nuevamente este ejercicio para que lo puedas repetir y observar qué cambios han ocurrido a lo largo del tiempo.

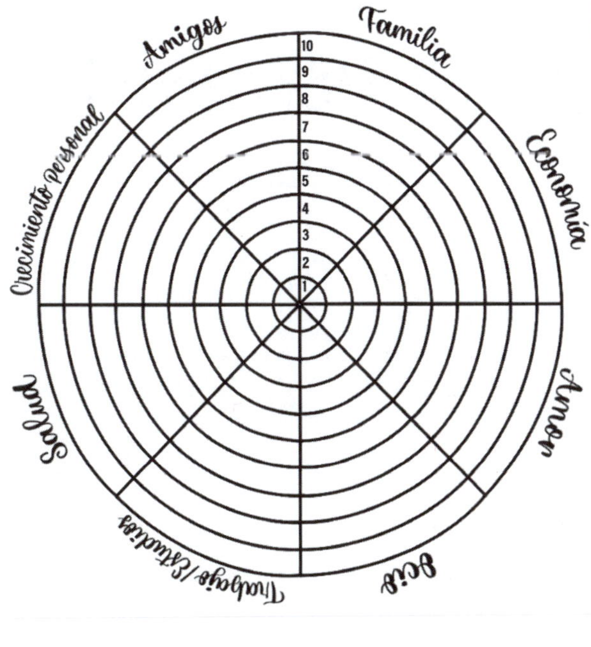

"La empatía
es el pegamento
que une a
las personas".

Brené Brown

Julio

Los sentidos

Tacto

Semana 1

LUNES ___/___/___

Escribe aquí un pequeño placer que te transmita el tacto, por ejemplo, explotar papel burbuja con los dedos, tocar la hierba con los pies o sentir la suavidad de las hojas de un libro.

MARTES ___/___/___

Agradece la capacidad que te brinda el tacto de ayudar a tu cerebro a comprender dónde se encuentran cada una de las partes de tu cuerpo.

MIÉRCOLES ___/___/___

Piensa en situaciones en las que el tacto te ha alertado sobre peligros, como cuando tocas algo caliente o afilado, y te ha permitido reaccionar rápidamente. Da gracias por la capacidad que tiene el tacto de protegerte.

JUEVES ___/___/___

Agradece las conexiones emocionales que se fortalecen a través del tacto. ¿Hay alguien a quien desees mostrarle tu gratitud por expresar su cariño a través de los abrazos, los apretones de manos o los besos?

VIERNES ___/___/___

Agradece la capacidad que tiene el cuerpo de regularse a través del tacto. Piensa en alguna vez que te hayas calmado o relajado al abrazar un cojín a la hora de dormir o al arroparte con tus mantas. Escribe aquí alguna ocasión en la que el tacto te haya dado calma.

SÁBADO ___/___/___

Piensa en la sensación de sujetar con las manos una taza de café o un té caliente en un día frío. O en ese momento tan refrescante de entrar a la piscina en un día de calor. Escribe aquí una sensación que percibas a través de tu piel y agradece poder disfrutarla.

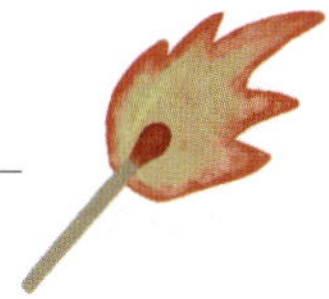

DOMINGO ___/___/___

Escribe aquí las situaciones ocurridas esta semana que quieres agradecer.

Gusto

Semana 2

LUNES ___/___/___

Agradece aquí algo que hayas saboreado hoy y te haya gustado especialmente.

MARTES ___/___/___

Piensa en situaciones en las que el gusto te haya alertado de un peligro, como el sabor de un alimento caducado o en mal estado. Agradece la protección que te brinda el gusto.

MIÉRCOLES ___/___/___

¿Cuál es tu sabor favorito? Da gracias aquí por poder disfrutar de la comida que más te gusta.

JUEVES ___/___/___

Agradece los vínculos emocionales que se afianzan con el gusto. ¿Hay algún sabor que te recuerde a alguien a quien quieras?

VIERNES ___/___/___

Reflexiona sobre un alimento que te traslade a tu infancia o sobre un sabor que asocies con un momento especial. Agradece la conexión entre el gusto y los recuerdos.

SÁBADO ___/___/___

Agradece poder disfrutar de los pequeños placeres que nos proporciona el gusto, como saborear una infusión, una fruta fresca o un trozo de chocolate. Valora la belleza en los pequeños sabores cotidianos.

DOMINGO ___/___/___

Escribe las reflexiones y los agradecimientos de esta semana.

Olfato

Semana 3

LUNES ___/___/___

Recuerda un olor que te lleve a tu infancia y agradece el hecho de que lo mantienes vivo.

MARTES ___/___/___

Piensa en una ocasión en la que el olfato te haya avisado de un peligro, como el olor a gas o a quemado. Agradece la protección que te brinda el olfato.

MIÉRCOLES ___/___/___

¿Quieres dar las gracias por un buen olor que hayas sentido hoy?

JUEVES ___/___/___

Reflexiona sobre la conexión emocional que el olfato nos permite vivir. ¿Hay algún perfume que te recuerde a alguien que amas? ¿O el olor de una comida que te lleve a tu infancia?

VIERNES ___/___/___

Piensa en la conexión con la naturaleza que nos brinda el olfato, como el olor del petricor o del mar. Muestra aquí tu gratitud por un olor de la naturaleza que te reconforte.

SÁBADO ___/___/___

Agradece los pequeños placeres que disfrutas gracias al olfato, como el olor a limpio después de ducharte o el olor de una vela que tengas en casa.

DOMINGO ___/___/___

Escribe aquí las situaciones ocurridas esta semana que quieres agradecer.

Oído

Semana 4

LUNES ___/___/___

Piensa en un sonido de la naturaleza que quieras agradecer, como el viento o las olas del mar rompiendo contra las piedras.

MARTES ___/___/___

Escribe aquí algo que hayas escuchado hoy y que quieras agradecer.

MIÉRCOLES ___/___/___

Piensa en la risa. Muestra tu gratitud por la risa de una persona que te contagia de alegría.

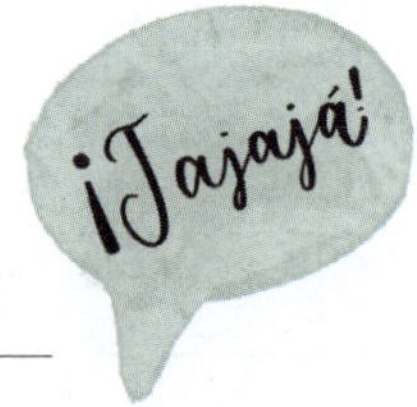

JUEVES ___/___/___

Agradece los sonidos cotidianos de tu hogar, como los pasos de tus familiares o de tus mascotas por la casa, o el timbre de la puerta.

VIERNES ___/___/___

Valora la capacidad que tienes de escuchar a otras personas y poder comunicarte con ellas. Da las gracias por la riqueza de conversaciones que el oído te ha permitido vivir.

SÁBADO ___/___/___

Si tienes alguna discapacidad auditiva, reflexiona sobre las vibraciones que puedes percibir y cómo estas te conectan con el mundo sonoro de una manera única. Agradece la capacidad de adaptación de tus sentidos.

DOMINGO ___/___/___

¿Qué momentos de esta semana deseas agradecer?

Vista

Semana 5

LUNES ___/___/___

Agradece los paisajes y la belleza natural que puedes apreciar a través de la vista.

MARTES ___/___/___

Reflexiona sobre la riqueza de colores que se encuentra a tu alrededor. Agradece la variedad de tonalidades que puedes percibir.

MIÉRCOLES ___/___/___

Agradece la luz natural que te permite ver el mundo con claridad.

JUEVES ___/___/___

Reflexiona sobre la capacidad que tienes de ver los gestos y las miradas de otras personas. Agradece la comunicación que estableces mediante el lenguaje no verbal.

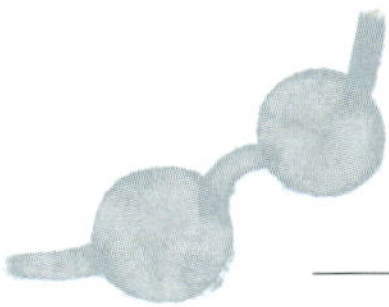

VIERNES ___/___/___

Da las gracias por un rostro, una imagen, un paisaje o una escena que hayas visto hoy.

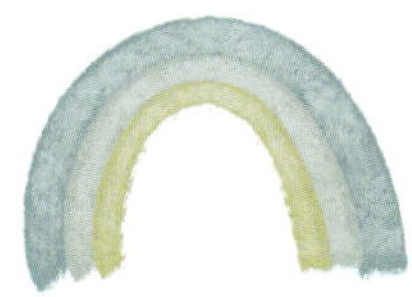

SÁBADO ___/___/___

Valora la posibilidad de leer libros o ver tu programa favorito en la tele. Agradece la información que recibes a través de la vista.

DOMINGO ___/___/___

Antes de despedirte de la semana, agradece los momentos grandes o pequeños que has vivido en los últimos días y deseas guardar en tu memoria.

Registro de mis emociones

Leyenda

Notas

"La libertad es la responsabilidad de usar el bien".

San Agustín

Agosto

Los valores

Libertad

Semana 1

LUNES ___/___/___

Reflexiona sobre el hecho de que la libertad nos permite buscar nuestra felicidad de manera responsable. ¿Qué actos has hecho hoy libremente que te han ayudado a buscar tu felicidad? Agradece haber podido hacerlos.

MARTES ___/___/___

Reflexiona sobre la relación entre libertad y responsabilidad. Agradece una ocasión en la que hayas actuado libremente sin dañar a otros.

MIÉRCOLES ___/___/___

Piensa en algún momento en que tu libertad o la de otros se haya visto limitada. Muestra tu gratitud a aquellas personas que han hecho algo para que eso cambiara.

JUEVES ___/___/___

Da las gracias por la libertad de la que has disfrutado hoy. ¿Has caminado libremente por tu ciudad o has dado tu opinión durante una conversación?

VIERNES ___/___/___

Agradece el camino hacia la libertad financiera que estás recorriendo. Reconoce los esfuerzos que has dedicado a alcanzar este objetivo.

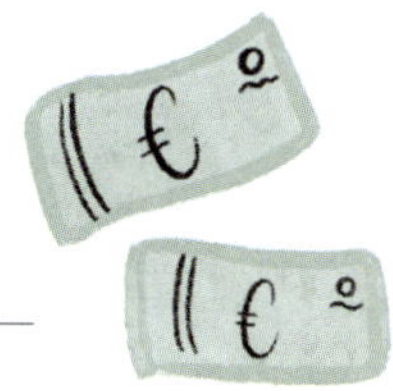

SÁBADO ___/___/___

Valora la libertad de vivir en un entorno seguro, donde puedes disfrutar de tu autonomía sin temor. Agradece la paz y la estabilidad que permiten la libertad.

DOMINGO ___/___/___

Escribe situaciones que te hayan ocurrido en los últimos días y agradece haberlas vivido.

Empatía

Semana 2

LUNES ___/___/___

Piensa en una ocasión en la que alguien se haya percatado de tu frustración, tristeza o rabia, y gracias a su empatía te sentiste reconfortado.

MARTES ___/___/___

Valora la oportunidad de comprender las emociones de las personas a las que quieres para así poder acompañarlas en momentos difíciles.

MIÉRCOLES ___/___/___

Agradece los momentos en los que te has permitido sentir y comprender tus propias emociones. ¿Crees que sentir empatía por ti ha contribuido a tu bienestar emocional?

JUEVES ___/___/___

Agradece la oportunidad de afianzar tus conexiones personales o profesionales mediante la empatía.

VIERNES ___/___/___

Gracias a la empatía, podemos comprender el punto de vista de los demás con más claridad. Agradece alguna ocasión en la que la empatía haya sido un factor importante a la hora de solucionar un conflicto.

SÁBADO ___/___/___

Piensa en un momento en el que hoy hayas sentido empatía hacia alguien o, si lo prefieres, en el que hayas sentido que alguien ha mostrado empatía contigo.

DOMINGO ___/___/___

Apunta tus reflexiones generales y qué agradeces de lo vivido esta semana.

Diversidad

Semana 3

LUNES ___/___/___

Valora la libertad de pensar de manera única y diversa. Agradece vivir en un entorno donde las ideas pueden fluir y que permiten el enriquecimiento personal.

MARTES ___/___/___

Agradece la oportunidad de poder fortalecer tu pensamiento crítico para expresar tus ideas de forma objetiva.

MIÉRCOLES ___/___/___

Agradece la visión enriquecedora que te ofrece tener amigos o familiares con líneas de pensamiento diferentes a la tuya.

JUEVES ___/___/___

Piensa en una ocasión en la que hayas convivido con una persona de pensamientos, costumbres o creencias diferentes a las tuyas. ¿Fue una convivencia sana? Agradece el hecho de que la diversidad fortalece nuestro pensamiento y empatía.

VIERNES ___/___/___

Reflexiona sobre las interacciones del día de hoy. ¿Has tenido la oportunidad de compartir con personas que tienen perspectivas diferentes a las tuyas? Agradece las experiencias vividas hoy que han enriquecido tus pensamientos.

SÁBADO ___/___/___

Agradece la diversidad que impulsa la creatividad y la innovación. ¿Cómo ha contribuido la colaboración con personas que tienen enfoques únicos a la hora de crear acciones innovadoras en tu vida?

DOMINGO ___/___/___

¿Qué situaciones destacarías de esta semana? Apúntalas y agradece haberlas vivido.

Comunidad

Semana 4

LUNES ___/___/___

Piensa en las personas que te rodean. ¿Quiénes forman parte de tu entorno cercano? Agradece aquí tenerlas en tu vida.

MARTES ___/___/___

Agradece una acción que tu comunidad o las personas que tienes cerca hayan hecho por ti: un gesto de cariño contigo en tu cumpleaños o apoyo en un momento de dificultad.

MIÉRCOLES ___/___/___

Valora las oportunidades de ayudar a los demás. ¿Eres o has sido parte de una comunidad que ofrece algún tipo de red de apoyo a otros?

JUEVES ___/___/___

Agradece los gestos cotidianos que te brinda tu círculo cercano, como una sonrisa, un saludo amistoso o una palabra de aliento.

VIERNES ___/___/___

Agradece los logros y éxitos que tu comunidad haya alcanzado. ¿Hay algún hito, evento o proyecto comunitario que te llene de orgullo y agradecimiento por ser parte de esa comunidad?

SÁBADO ___/___/___

Agradece la capacidad de diálogo en tu entorno. ¿Has sido parte de conversaciones en las que se ha buscado el entendimiento y se han alcanzado decisiones colectivas? Reflexiona sobre cómo el diálogo ha contribuido a la armonía.

DOMINGO ___/___/___

Escribe aquí las situaciones que has vivido durante la semana y que quieres agradecer.

Registro de mis emociones

Leyenda

☐ ____________ ☐ ____________ ☐ ____________

☐ ____________ ☐ ____________ ☐ ____________

☐ ____________ ☐ ____________ ☐ ____________

☐ ____________ ☐ ____________ ☐ ____________

Notas

"Educar es más difícil que enseñar. Enseñar precisa saber, pero educar precisa ser".

Mafalda

Septiembre

La educación

Conocimientos

Semana 1

LUNES ___/___/___

Tu formación académica, sin importar si es corta o larga, te ha dotado de aprendizajes que hoy están arraigados en ti. ¿Qué agradeces de tu formación?

MARTES ___/___/___

Agradece algo que hayas aprendido en el colegio que hoy día aún recuerdes.

MIÉRCOLES ___/___/___

Agradece algo que hayas aprendido durante tu formación académica que para ti sea imprescindible hoy en día.

JUEVES ___/___/___

Valora los conocimientos que has adquirido en los últimos años. ¿Qué técnicas o herramientas nuevas has aprendido?

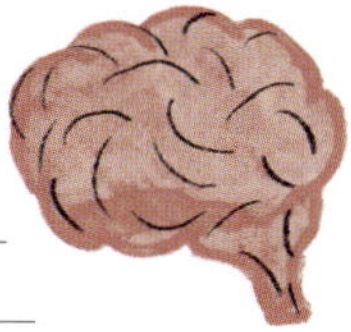

VIERNES ___/___/___

Piensa en algo nuevo que has aprendido hoy, por pequeño o simple que sea.

SÁBADO ___/___/___

Reflexiona sobre los conocimientos que has adquirido fuera del entorno académico formal. Agradece algún hobby o pasatiempo que te hayan enseñado algo valioso.

DOMINGO ___/___/___

Escribe las reflexiones y agradecimientos de esta semana.

Compañeros

Semana 2

LUNES ___/___/___

Da las gracias por un compañero del colegio que recuerdas con cariño.

MARTES ___/___/___

Escribe una anécdota que recuerdes sobre tus compañeros de clase.

MIÉRCOLES ___/___/___

¿Qué agradeces sobre las personas que te han acompañado en tu camino de aprendizaje? Piensa en una experiencia con un compañero de clase que te haya ayudado a superar un desafío académico o personal.

JUEVES ___/___/___

Una persona que te haya marcado significativamente en tu recorrido académico.

VIERNES ___/___/___

Agradece las oportunidades de colaborar y trabajar en equipo con tus compañeros. ¿Qué has aprendido a través de proyectos conjuntos y qué agradeces de la experiencia?

SÁBADO ___/___/___

Piensa en una experiencia con un compañero de clase que te haya ayudado a superar un desafío académico o personal.

DOMINGO ___/___/___

¿Por qué momentos de esta semana deseas mostrar tu gratitud?

Referentes

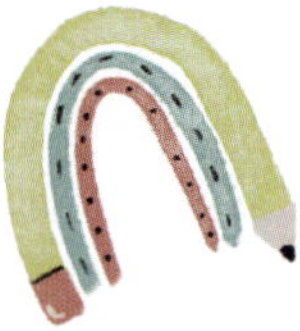

Semana 3

LUNES ___/___/___

Agradece a un docente que haya sido de gran inspiración para ti.

MARTES ___/___/___

Piensa en una persona que sea un referente para ti en tu campo, la conozcas a título personal o no. ¿Qué quieres agradecerle?

MIÉRCOLES ___/___/___

Recuerda un aprendizaje significativo que te haya dejado una persona que ha sido un referente en tu educación.

JUEVES ___/___/___

Agradece algún consejo valioso que hayas recibido de alguien a quien admirabas en el momento de recibirlo. ¿Cómo ha impactado ese consejo en tu perspectiva y en tus decisiones académicas?

VIERNES ___/___/___

Considera las lecciones que has aprendido de tus referentes más allá del aula. ¿Cómo han influido en tu forma de afrontar las situaciones en la vida cotidiana?

SÁBADO ___/___/___

Si ya estás trabajando en tu área profesional, agradece la influencia ejercida por tus referentes en tu carrera. ¿Cómo sus enseñanzas y consejos han contribuido en tu camino laboral?

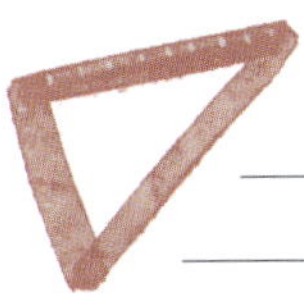

DOMINGO ___/___/___

Antes de despedirte de la semana, agradece los momentos grandes o pequeños que has vivido en los últimos días.

Recursos

Semana 4

LUNES ___/___/___

Reflexiona sobre los recursos que has tenido a tu disposición para adquirir los conocimientos que tienes hoy en día y agradece la diversidad de herramientas que te han facilitado el aprendizaje.

MARTES ___/___/___

Valora los libros que has leído para formarte. ¿Hay algunos que hayan supuesto un aprendizaje significativo?

MIÉRCOLES ___/___/___

Agradece el hecho de disponer de medios de transporte para trasladarte a tu escuela o universidad.

JUEVES ___/___/___

Recuerda los materiales que utilizabas en la escuela. ¿Tenías alguna mochila especial o un lápiz favorito? Agradece aquí esos elementos que te acompañaron en tu proceso de aprendizaje.

VIERNES ___/___/___

Piensa en las tecnologías y los dispositivos que utilizas para aprender. ¿Cómo han enriquecido estos recursos tu experiencia educativa?

SÁBADO ___/___/___

Considera la importancia de contar con tiempo para dedicarlo a tu formación. Agradece el tiempo como un recurso esencial para tu aprendizaje.

DOMINGO ___/___/___

Escribe situaciones que te hayan ocurrido en los últimos días y que deseas agradecer.

Aspiraciones

Semana 5

LUNES ___/___/___

¿Hay alguna habilidad que desearías desarrollar más? Agradece la oportunidad de crecimiento y aprendizaje de la que disfrutas.

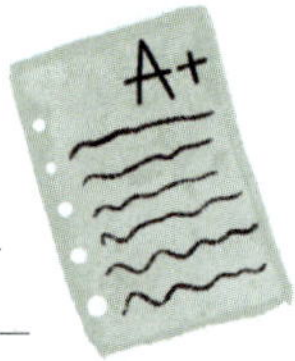

MARTES ___/___/___

Imagina un logro académico o profesional que te gustaría alcanzar en el futuro. Agradece la motivación que te brinda esa meta.

MIÉRCOLES ___/___/___

Piensa en logros y objetivos que ya hayas cumplido en los últimos cinco años y muestra tu agradecimiento por haberlos alcanzado.

JUEVES __/__/__

¿Cuáles son tus objetivos a corto plazo? Agradece tener metas concretas que te impulsan a avanzar.

VIERNES __/__/__

¿Hay alguna actividad extracurricular o algún proyecto académico que te entusiasme? Agradece las experiencias a las que aspiras.

SÁBADO __/__/__

Imagina que has alcanzado con éxito una de tus metas académicas o profesionales. Agradece el esfuerzo y la dedicación que te llevaron a lograr ese objetivo.

DOMINGO __/__/__

Apunta tus reflexiones generales y qué agradeces de lo vivido en esta semana.

Registro de mis emociones

Leyenda

- [ ] ____________
- [ ] ____________
- [ ] ____________
- [ ] ____________
- [ ] ____________
- [ ] ____________
- [ ] ____________
- [ ] ____________
- [ ] ____________
- [ ] ____________
- [ ] ____________
- [ ] ____________

Notas

Carta

Es el momento de escribir la última carta de agradecimiento. Tú decides si es para una persona en particular, para tu «yo» del pasado o incluso para alguna etapa de tu vida. Este espacio es para que te sumerjas en el presente, escribas tus sentimientos y aprendizajes, y expreses tu gratitud sin restricciones.

No hay necesidad de entregar la carta, puedes utilizarla como una oportunidad para soltar emociones y reflexionar sobre las bondades que has recibido.

Tómate el tiempo necesario para reflexionar antes y después de escribir. Aquí no hay prisas... ¡Disfruta el proceso!

Para
De
Fecha

Rueda de la vida

¡Es momento de retomar la rueda de la vida, uno de mis apartados favoritos de este diario! Haz una pausa y marca en tu agenda un momento de tranquilidad para rellenar este ejercicio.

¿Recuerdas cómo se hacía? Aquí te dejo nuevamente las instrucciones:

1. Puntúa del 1 al 10 tu grado de satisfacción con cada una de las áreas de tu vida, y colorea el espacio correspondiente a la puntuación que hayas asignado.
2. Una vez coloreadas las ocho áreas, une la puntuación máxima de cada una con una línea para crear una figura geométrica. Esto te dará una imagen visual de la armonía en tu rueda: si logras una figura similar a un círculo, hay cierto equilibrio entre las diferentes áreas. De lo contrario, si observas picos e irregularidades entre cada zona, es posible que algunas áreas estén menos satisfechas que otras. No te preocupes si encuentras desequilibrios: ¡es algo común!

3. Reflexiona sobre las razones que te llevaron a puntuar de esa manera cada área. En áreas con puntuaciones muy bajas, cuestiona si esa calificación es justa o si estás siendo demasiado exigente o perfeccionista. Esto te permitirá abordar el ejercicio con mayor objetividad.
4. Evalúa qué áreas tienen la puntuación más baja y establece metas para mejorar en el futuro.
5. Dentro de unos meses, tendrás nuevamente este ejercicio para que lo puedas repetir y observar qué cambios han ocurrido a lo largo del tiempo.

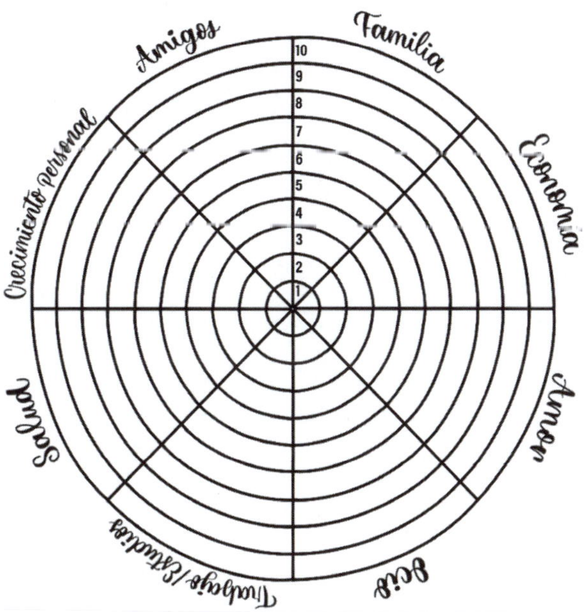

"A veces sentimos que lo que hacemos es una gota en el mar, pero el mar sería menos sin esa gota".

Santa Teresa de Calcuta

Octubre

Los espacios de luz

Esperanza

Semana 1

LUNES ___/___/___

Piensa en un momento en el que el optimismo te haya ayudado a ver una situación de manera diferente. Agradece tu capacidad de mantener una perspectiva positiva en medio de los desafíos.

MARTES ___/___/___

¿Has tenido que soltar algo recientemente para permitir que nuevas oportunidades lleguen a tu vida? Da gracias por tener la capacidad de dejar ir lo que ya no es para ti.

MIÉRCOLES ___/___/___

Identifica qué aspectos específicos de tu fortaleza interior te han permitido mantener la esperanza en momentos difíciles. Agradece las fortalezas que te sostienen.

JUEVES __/__/__

Reflexiona sobre la posibilidad que te da la esperanza de reconocer y usar tus fortalezas para aumentar tu confianza y tu determinación para actuar. ¿Te permites observar con positividad tus acciones futuras?

VIERNES __/__/__

Piensa en un problema al que te estés enfrentando actualmente. Con una visión esperanzadora, agradece los aspectos positivos que puedes rescatar de esa situación, por pequeños que sean.

SÁBADO __/__/__

Piensa en una ocasión en la que tu esperanza haya inspirado a alguien más. Agradece tu capacidad de ser un faro de esperanza para los demás y da las gracias por contagiar a otros de positividad.

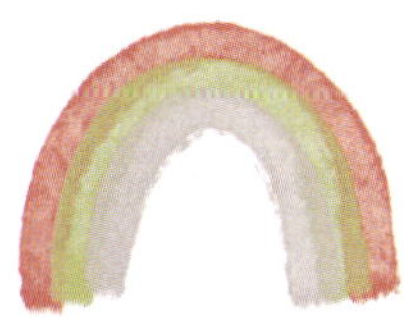

DOMINGO __/__/__

¿Qué situaciones destacarías de esta semana? Apúntalas y agradece haberlas vivido.

Tiempo de calidad

Semana 2

LUNES ___/___/___

Valora la importancia de estar realmente presente en el momento cuando compartimos tiempo con las personas que estimamos. ¿Qué acciones te hacen sentir presente en el momento? Muestra tu agradecimiento por ello.

MARTES ___/___/___

Piensa en una persona que agradezcas tener en tu vida y con la cual deseas pasar más tiempo de calidad.

MIÉRCOLES ___/___/___

Valora el tiempo que dedicas a estar a solas. ¿Cuáles son las actividades o momentos que te proporcionan tranquilidad y te permiten conectar contigo mismo? Agradece la oportunidad de disfrutar de tu propia compañía.

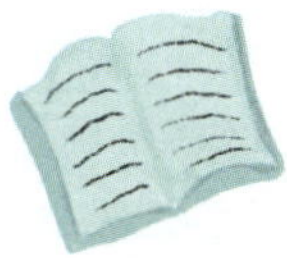

JUEVES ___/___/___

Piensa en un momento difícil en el que hayas necesitado apoyo y muestra tu agradecimiento a quien te acompañara entonces.

VIERNES ___/___/___

Un espacio de calidad que hayas compartido con alguien durante esta semana.

SÁBADO ___/___/___

Agradece la posibilidad que te brinda la tecnología de pasar tiempo de calidad con tus seres querido, aunque estés lejos. ¿Cómo has logrado mantener conexiones significativas a pesar de la distancia física?

DOMINGO ___/___/___

Escribe aquí las situaciones que has vivido esta semana y que quieres agradecer.

Pequeños gestos

Semana 3

LUNES ___/___/___

Piensa en un momento en el que alguien te ofreció ayuda de forma espontánea, ya sea cargando tus bolsas, abriéndote una puerta o ayudándote con alguna tarea. Agradece la generosidad y amabilidad de estos gestos tan simples.

MARTES ___/___/___

Reflexiona sobre las veces que alguien te ha cedido el paso en la calle. ¿Prestas atención a esos pequeños gestos de cortesía? Agradece la paciencia y el respeto mutuo en tu entorno.

MIÉRCOLES ___/___/___

Piensa en la última vez que alguien te trajo café, agua o cualquier otra cosa sin que se lo pidieras. ¿Este pequeño gesto mejoró tu día? Muestra tu gratitud por la atención y el cuidado que estas acciones demuestran.

JUEVES ___/___/___

Recuerda las ocasiones en las que tu empatía y bondad te han permitido tener un detalle con otra persona. Agradece este gesto tuyo.

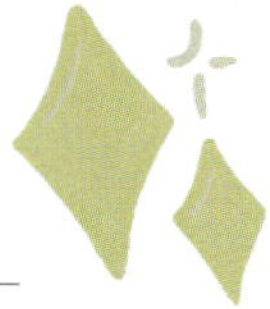

VIERNES ___/___/___

Un pequeño cumplido puede hacer que alguien se sienta apreciado y valorado. Da las gracias a aquellos que te ofrecen elogios sinceros y genuinos.

SÁBADO ___/___/___

Muestra tu agradecimiento por las personas que prestan atención a los detalles, como recordar tu cumpleaños, tus gustos o cualquier información sobre ti.

DOMINGO ___/___/___

Escribe las reflexiones y los agradecimientos de esta semana.

Complicidad

Semana 4

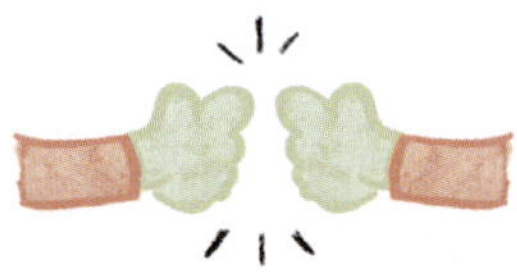

LUNES ___/___/___

¿Has compartido alguna mirada cómplice recientemente? Agradece esa conexión única que se establece sin necesidad de palabras.

MARTES ___/___/___

¿Recuerdas algún chiste o juego de palabras que hayas compartido con algún amigo? Agradece la complicidad que se crea a través del humor.

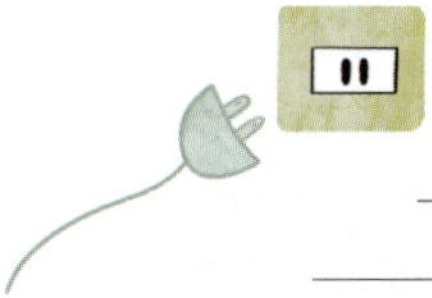

MIÉRCOLES ___/___/___

Piensa en la última vez que te reíste junto con alguien y da las gracias por ese momento.

JUEVES ___/___/___

¿Has celebrado algún éxito con tus amigos o colegas últimamente? Muestra tu gratitud por ser parte de celebraciones compartidas y por disfrutar juntos de los triunfos.

VIERNES ___/___/___

Reflexiona sobre los gestos de complicidad que más valoras en las relaciones cercanas. Agradece esos detalles que hacen que la conexión sea especial.

SÁBADO ___/___/___

Piensa en situaciones en las que la complicidad se expresó sin necesidad de las palabras. Agradece la intuición que enriquece tus relaciones.

DOMINGO ___/___/___

¿Qué momentos de esta semana deseas agradecer?

Registro de mis emociones

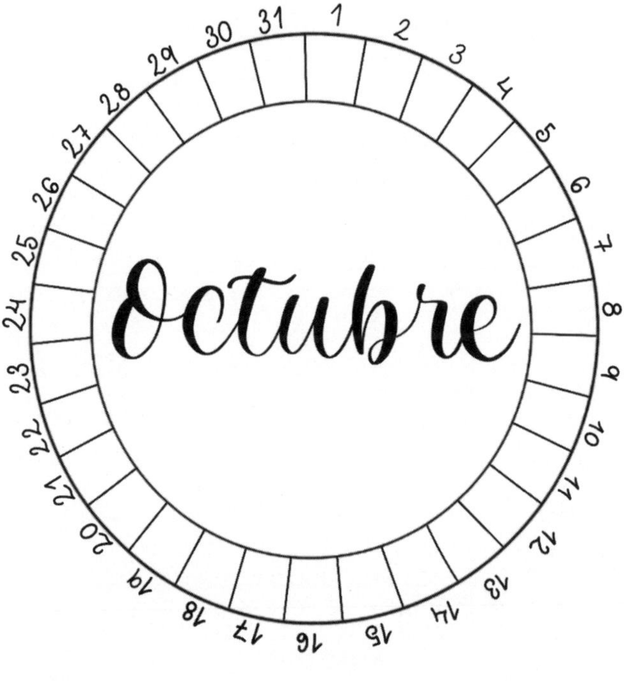

Leyenda

Notas

"*La creatividad es la inteligencia divirtiéndose*".

Albert Einstein

Noviembre

La chispa interior

Imaginación

Semana 1

LUNES ___/___/___

Reconoce la capacidad de tu mente para crear imágenes y visualizar situaciones. Agradece la riqueza de la imaginación visual que te permite explorar mundos internos.

MARTES ___/___/___

¿Cuál es tu mayor sueño? Da las gracias por tener la oportunidad de visualizarlo y trabajar por alcanzarlo.

MIÉRCOLES ___/___/___

¿Cuándo fue la última vez que te evadiste del pensamiento cotidiano para crear algo nuevo? Agradece esos momentos de inspiración que te permiten explorar nuevas ideas.

JUEVES ___/___/___

Cuando éramos niños, la fantasía nos permitía crear cientos de juegos sin necesidad de tecnología. Recuerda algún juego de tu infancia y muestra tu gratitud por poder hacer frente al aburrimiento mediante la imaginación.

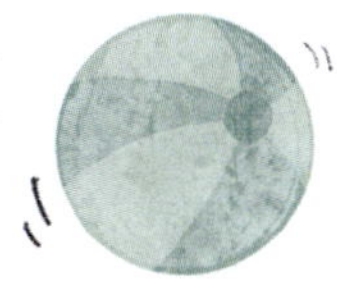

VIERNES ___/___/___

Imagina un lugar mágico. Piensa cómo es y qué sensaciones te genera. Agradece tu capacidad de crear espacios mentales que te llenan de alegría o de calma.

SÁBADO ___/___/___

Reflexiona sobre las actividades que te conectan con tu niño interior y despiertan tu fantasía. Da gracias por mantener viva esa chispa de ilusión en tu vida diaria.

DOMINGO ___/___/___

Antes de despedirte de la semana, muestra tu gratitud por los momentos grandes o pequeños que has vivido en los últimos días y que deseas guardar en tu memoria.

Creatividad

Semana 2

LUNES ___/___/___

Piensa en las áreas de tu vida en las que sueles ser más creativo, por ejemplo, en la música, la escritura, la pintura o la resolución de problemas. ¿En cuál de ellas sientes que das rienda suelta a tu creatividad? Da gracias por la diversidad de formas en las que puedes expresarte creativamente.

MARTES ___/___/___

Recuerda una ocasión en la que, ante un problema, encontraste una solución creativa. ¿Cómo te sentiste al resolver el problema? Agradece tu capacidad para abordar desafíos con creatividad.

MIÉRCOLES ___/___/___

Observa cuándo eres más creativo en tu vida diaria: puede que a la hora de decorar tu hogar, de preparar la comida o en cualquier otra actividad. ¿Puedes identificar elementos creativos en tu rutina cotidiana? Muestra tu gratitud por la magia que aplicas en tu día a día.

JUEVES ___/___/___

¿Has probado recientemente alguna forma nueva de expresión creativa? Por ejemplo, un nuevo medio artístico, otro enfoque en tu trabajo, un hobby nuevo o cualquier otra experiencia creativa. Agradece que tengas la oportunidad de experimentar y expandir tu creatividad.

VIERNES ___/___/___

Valora las ocasiones en las que has colaborado creativamente con otras personas. ¿Cómo viviste compartir ideas y crear algo juntos? Agradece la riqueza que aporta la colaboración creativa.

SÁBADO ___/___/___

Muestra tu gratitud por cuánto embellecen tu entorno el arte, la música, la escritura u otras formas de expresión. ¿En qué sentido la creatividad embellece tu vida?

DOMINGO ___/___/___

Escribe situaciones que te hayan ocurrido en los últimos días y agradece haberlas vivido.

Inspiración

Semana 3

LUNES ___/___/___

Evoca a una persona de tu entorno cercano que te inspire.

MARTES ___/___/___

Recuerda un lugar donde acudir para conseguir inspiración.

MIÉRCOLES ___/___/___

Rememora a un artista que te inspire.

JUEVES ___/___/___

Repite una práctica que fortalezca tu inspiración.

VIERNES ___/___/___

Recuerda una ocasión en la que hayas servido de inspiración a otros.

SÁBADO ___/___/___

Agradece los recursos cotidianos que te inspiran, ya sea un pódcast, una página web, un libro o cualquier otro medio.

DOMINGO ___/___/___

Apunta tus reflexiones generales y qué agradeces de lo vivido esta semana.

Motivación y esfuerzo

Semana 4

LUNES __/__/__

Escoge una canción que, al escucharla, te motiva.

MARTES __/__/__

Recuerda y escribe un consejo o frase que hayas escuchado y que te ha ayudado a mejorar tu disciplina.

MIÉRCOLES __/__/__

Piensa en objetivos personales que hayas logrado mediante tu motivación, disciplina y esfuerzo. Muestra tu gratitud por las metas alcanzadas y las lecciones aprendidas.

JUEVES ___/___/___

Identifica a personas que te sirven como modelos que seguir en términos de motivación, disciplina y esfuerzo. ¿Cómo influyen estas figuras en tu camino? Agradece sus lecciones y ejemplos positivos.

VIERNES ___/___/___

Reconoce el apoyo de tus seres queridos en tus esfuerzos. ¿Recuerdas algún momento en el que este respaldo haya sido clave para mantener la motivación y la disciplina? Da gracias por el sostén de quienes te rodean.

SÁBADO ___/___/___

Valora los desafíos a los que te has enfrentado y cómo la motivación, la disciplina y el esfuerzo te han permitido superarlos. Agradece la resiliencia que has desarrollado.

DOMINGO ___/___/___

¿Qué situaciones destacarías de esta semana? Apúntalas y muestra tu agradecimiento por haberlas vivido.

Registro de mis emociones

Leyenda

- [ ] ____________
- [ ] ____________
- [ ] ____________
- [ ] ____________
- [ ] ____________
- [ ] ____________
- [ ] ____________
- [ ] ____________
- [ ] ____________
- [ ] ____________
- [ ] ____________
- [ ] ____________

Notas

"La gratitud
es la memoria
del corazón".

Lao Tse

Diciembre

El cierre

Puertas que se cierran y se abren

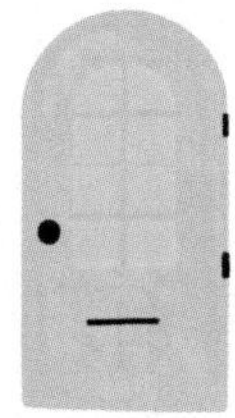

Semana 1

LUNES ___/___/___

Agradece las oportunidades que has tenido a lo largo del año.

MARTES ___/___/___

Piensa en todos los proyectos, metas y deseos que has podido realizar este año y da las gracias por haberlos alcanzado.

MIÉRCOLES ___/___/___

Reflexiona sobre los aprendizajes que has tenido a partir de las experiencias que no salieron como esperabas y agradece el crecimiento que proporcionaron esos desafíos.

JUEVES ___/___/___

Reflexiona sobre las puertas que se han cerrado a lo largo del año y cómo esas situaciones te han servido de protección. Muestra tu gratitud por los desvíos que te han llevado por el camino correcto a pesar de la frustración que hayas podido sentir ante el cambio.

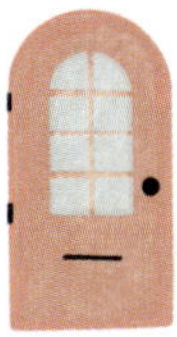

VIERNES ___/___/___

Piensa en las personas que han llegado a tu vida este año y en cómo han enriquecido tu red. Agradece las amistades, colaboraciones o relaciones significativas que has entablado.

SÁBADO ___/___/___

Agradece todos los momentos, experiencias y aprendizajes que más atesoras de tu año. Reflexiona sobre lo agradecido que te sientes por el año que está a punto de concluir.

DOMINGO ___/___/___

Escribe aquí las situaciones que has vivido esta semana y que quieres agradecer.

Festividades

Semana 2

LUNES ___/___/___

¿Qué agradeces de las festividades de esta época del año?

MARTES ___/___/___

¿Cuál es tu celebración favorita del año? ¿Qué agradeces de ella?

MIÉRCOLES ___/___/___

Piensa en la decoración de tu ciudad o en cómo decoras tu hogar durante la Navidad. ¿Qué es lo que más disfrutas de ella? ¿Qué detalle decorativo agradeces?

JUEVES ___/___/___

¿Cuáles son las comidas que más celebras de estas fiestas?

VIERNES ___/___/___

¿Cuál ha sido el regalo más bonito que has recibido en esta época del año? Y de los regalos que tú has hecho, ¿cuál es el que se ha recibido con más ilusión? ¿Cómo te sentiste en ambos casos?

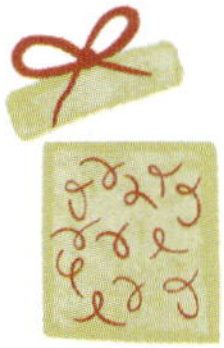

SÁBADO ___/___/___

Escribe el nombre de las personas con las que más te gusta pasar las fiestas y da las gracias por tenerlas en tu vida.

DOMINGO ___/___/___

Escribe las reflexiones y los agradecimientos de esta semana.

Los que ya no están

Semana 3

LUNES ___/___/___

¿Tienes algún familiar o amigo al que extrañes? Escribe aquí su nombre y muéstrale tu agradecimiento.

MARTES ___/___/___

¿Con qué personas sueles pasar las festividades? Piensa en aquellos que podrán acompañarte este año y en quienes no lo harán. Agradece su compañía.

MIÉRCOLES ___/___/___

Piensa en algún familiar o persona querida que se encuentre lejos. Agradece la oportunidad que te brinda la tecnología de poder compartir estas fechas en la distancia.

JUEVES ___/___/___

Piensa en aquella persona con la que quisieras estar ahora mismo, pero no puedes. ¿Qué características o valores de esta persona agradeces?

VIERNES ___/___/___

Recuerda algún momento especial que hayas vivido con una persona que hoy no está a tu lado. ¿Qué es lo que más atesoras de ese recuerdo?

SÁBADO ___/___/___

¿Cómo has cuidado de tu bienestar emocional y físico a lo largo del año? Agradece aquí los hábitos positivos que te han sustentado este año, así como los que no te hacían bien y decidiste abandonar.

DOMINGO ___/___/___

Escribe situaciones que te hayan ocurrido en los últimos días y agradece haberlas vivido.

Sustento

Semana 4

LUNES ___/___/___

Reflexiona sobre lo que te ha mantenido en pie a lo largo de este año. ¿Con qué te sientes en gratitud hoy?

MARTES ___/___/___

Piensa en todas las personas que te han acompañado a lo largo de este año y agradece lo que has aprendido de ellas.

MIÉRCOLES ___/___/___

Valora el trabajo que te ha permitido conseguir lo que tienes ahora. ¿Qué agradeces del trabajo?

JUEVES ____/____/____

Reflexiona sobre tu espiritualidad. ¿Consideras que tus creencias han sido un pilar para sostenerte a lo largo de este año? ¿De qué modo?

VIERNES ____/____/____

Valora todos los logros, grandes o pequeños, que has tenido en estos doce meses. ¿Qué fue lo que te permitió conseguirlos? Da gracias por tus habilidades y conocimientos.

SÁBADO ____/____/____

¿Cómo has cuidado de tu bienestar emocional y físico a lo largo del año? Agradece aquí los hábitos positivos que te han sustentado este año, así como los que no te hacían bien y decidiste abandonar.

DOMINGO ____/____/____

Escribe situaciones que te hayan ocurrido en los últimos días y agradece haberlas vivido.

El próximo año

Semana 5

LUNES ___/___/___

Piensa en todos aquellos proyectos que te gustaría llevar a cabo en el siguiente año. Agradece la visión que te permite trazar nuevos rumbos.

MARTES ___/___/___

Da gracias por los hábitos positivos que has practicado este año y que deseas seguir cultivando en este que está a punto de empezar.

MIÉRCOLES ___/___/___

A nivel personal, ¿cuáles son esas metas que te gustaría alcanzar? Agradece aquí por la oportunidad de detenerte a visualizarlas.

JUEVES ___/___/___

A nivel laboral y profesional, ¿qué te gustaría conseguir el año que viene? Agradece los recursos con los que cuentas para trabajar en ello.

VIERNES ___/___/___

¿Qué aspectos de tu salud física y mental deseas trabajar el año que viene? Agradece los hábitos que deseas incorporar a tu vida.

SÁBADO ___/___/___

Piensa en la práctica de gratitud que llevas profesando a lo largo de este año. ¿Crees que te ha permitido vivir mejor? ¿Qué agradeces de este diario? ¿Continuarás con esta práctica?

DOMINGO ___/___/___

Antes de cerrar el año, agradece los momentos grandes o pequeños que has vivido en los últimos días.

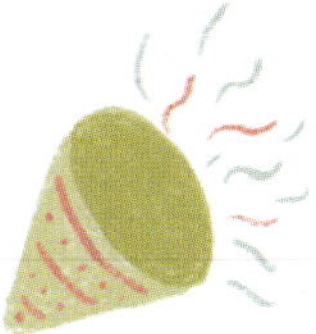

Registro de mis emociones

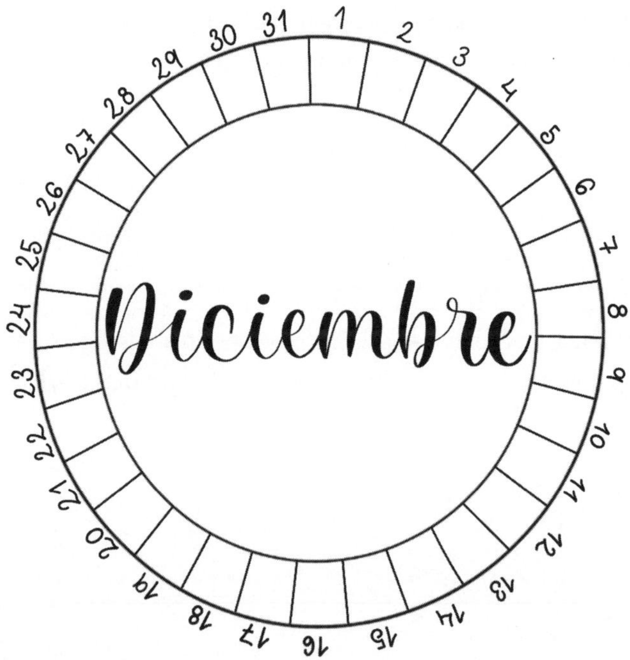

Leyenda

☐ ____________ ☐ ____________ ☐ ____________

☐ ____________ ☐ ____________ ☐ ____________

☐ ____________ ☐ ____________ ☐ ____________

☐ ____________ ☐ ____________ ☐ ____________

Notas

Rueda de la vida

¡Llegamos a la última rueda del año! Y es que no hay mejor forma de concluir estos doce meses de gratitud que detallando los cambios que se han generado en los diferentes aspectos de nuestra vida.

Después de tantas semanas de gratitud, tu perspectiva quizá sea más positiva a la hora de puntuar. Este es un buen momento para realizar el ejercicio y comparar la rueda resultante con las anteriores: ¿Qué cambios has notado?

Aunque sé que la rueda y tú ya sois amigos cercanos, te vuelvo a dejar por aquí las instrucciones de cómo hacerla, para que las tengas a mano:

1. Puntúa del 1 al 10 tu grado de satisfacción con cada una de las áreas de tu vida, y colorea el espacio correspondiente a la puntuación que hayas asignado.
2. Una vez coloreadas las ocho áreas, une la puntuación máxima de cada una con una línea para crear una figura geométrica. Esto te dará una imagen visual de la armonía en tu rueda: si logras una figura similar a un círculo, hay cierto

equilibrio entre las diferentes áreas. De lo contrario, si observas picos e irregularidades entre cada zona, es posible que algunas áreas estén menos satisfechas que otras. No te preocupes si encuentras desequilibrios: ¡es algo común!

3. Reflexiona sobre las razones que te llevaron a puntuar de esa manera cada área. En áreas con puntuaciones muy bajas, cuestiona si esa calificación es justa o si estás siendo demasiado exigente o perfeccionista. Esto te permitirá abordar el ejercicio con mayor objetividad.
4. Evalúa qué áreas tienen la puntuación más baja y establece metas para mejorar en el futuro.
5. Ahora que has llegado a final de año, podrás observar qué cambios han ocurrido a lo largo de los 365 días.

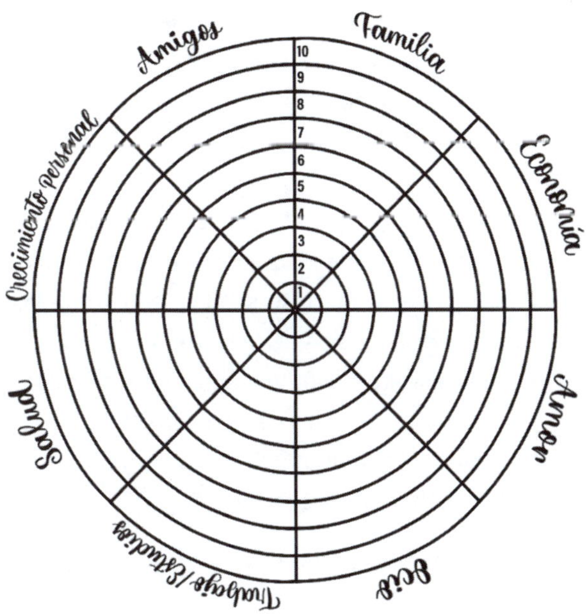

Reflexiones

Ahora que has realizado este ejercicio a lo largo de todo un año, es momento de que apuntes tus reflexiones:

- ¿En qué áreas has notado más progreso? ¿Cuáles han permanecido más estables? ¿Qué te llama la atención de estas comparaciones?
- ¿Ha habido algún momento clave o una situación concreta que haya impactado significativamente tu satisfacción en una o más áreas de tu vida? Describe cómo y por qué.
- En el caso de las áreas que no han experimentado mejorías significativas, ¿a qué crees que se debe esta falta de progreso? ¿Qué desafíos has encontrado para mejorar en estos aspectos?
- ¿Piensas que ha habido algún cambio en tu perspectiva a lo largo del año? ¿Cómo ha influido esto en tu satisfacción sobre las diferentes áreas de tu vida?
- ¿En qué áreas sientes más motivación para seguir mejorando? ¿Y en qué áreas te sientes con menos compromiso? ¿A qué crees que puede deberse esta diferencia?

Este año aprendí:

Propósitos de fin de año

Plasma en la página siguiente cuáles son tus metas para el año que viene. Convierte tus anhelos en objetivos tangibles y traza el camino hacia tu mejor versión.

Te recuerdo los consejos para formular tus propósitos:

1. Defínelos con detalle: establece objetivos claros y acciones concretas para conseguirlos.
2. Sé realista: adapta tus propósitos a tu realidad actual
3. Regresa a esta página: es común olvidar los propósitos que establecemos a inicio de año. Revisa esta página con cierta frecuencia para recordar los que deseas alcanzar.
4. Celebra los pequeños logros: abraza y registra cada pequeña victoria que tengas para que tus objetivos se vean más alcanzables.

Ya has cumplido un año completo despertando tu gratitud.

Quizá no todos los días fueron como esperabas. Quizá alguna página quedó en blanco. Quizá hubo días grises en los que te fue imposible encontrar un motivo por el que agradecer. Pero recuerda: la verdadera victoria no reside en instaurar este hábito sin fallas, sino en la transformación de tu perspectiva.

Este es solo el comienzo. El mundo está lleno de motivos por los que agradecer. Sigue explorando, sigue sintiendo, sigue descubriendo la magia de la gratitud.

Gracias por confiar en este diario como compañero a lo largo de este año. Ha sido un honor acompañarte en este camino para despertar tu gratitud.

Simplemente, gracias,

Ana Vega

Gracias

A mi familia, por educarme en los valores que me han convertido en lo que soy.

A Rubén y a Río, por hacer de mi hogar un oasis de calma que deja fluir la creatividad.

A mis amigos, por ayudarme a desconectar cuando más lo necesito.

A Annel, Iara y todos mis mentores, por hacer de sus consejos una brújula que me guía con sabiduría y respeto.

A Dios, por ser el motor de mi gratitud y el arquitecto de mi vida.

A mí misma, por la valentía que me ha permitido crecer personal y profesionalmente.

A vosotros, lectores que confiáis en mi trabajo.

Gracias